湖北省社科基金一般项目（后期资助项目）成果（2019093）

中国农村居民贫困多代际传递研究

丁志慧◎著

人民出版社

目　录

图　目　录

表 目 录

绪　　论

第一节　研究背景及问题提出

自改革开放以来，我国反贫困工作取得了举世瞩目的成就。2016年10月17日国务院新闻办公室发布的《中国的减贫行动与人权进步》白皮书[①]指出，通过改革开放三十多年的努力，我国已有七亿多贫困人口脱贫，截至2015年，农村贫困人口减少到5575万人，贫困发生率已降到5.7%。联合国《2015年千年发展目标报告》[②] 显示，中国极端贫困人口比例从1990年的61%，下降到2002年的30%以下，率先实现比例减半，2017年又下降到3.1%[③]，中国对全球减贫的贡献率超过70%。但是"贫二代"甚至"贫三代"等热点话题仍屡见网络媒体，这些现象的本质是代际收入流动性不足，反映出强者恒强、弱者恒弱的"马太效应"。联合国儿童基金会（UNICEF，2001）[④] 指出："出生于贫困

---

① 国务院新闻办:《国务院新闻办发表〈中国的减贫行动与人权进步〉白皮书》，2016年10月17日，http://www.gov.cn/xinwen/2016-10/17/content_ 5120140.htm。

② 联合国:《2015年千年发展目标报告》，2015年7月7日，http://www.cn.undp.org/content/china/zh/home/library/mdg/mdg-report-2015/。

③ 国家统计局:《2017年全国农村贫困人口明显减少　贫困地区农村居民收入加快增长》，2018年2月1日，http://www.stats.gov.cn/tjsj/zxfb/201802/t20180201_ 1579703.html。

④ 联合国儿童基金会:Poverty and Children:Lessons of the 90s for Least Developed Countries，https://www.unicef.org/publications/index_ 4424.html。

家庭的儿童比出生于非贫困家庭的儿童在长大成人后陷入贫困的比率要高得多"，表明我国化解贫困代际传递问题依然任重道远。"贫二代"群体的持续存在，引发了党和政府对贫困代际传递现象的关注。2015年4月，习近平总书记主持召开了中央全面深化改革领导小组第十一次会议①，明确指出要"发展乡村教育，让每个乡村孩子都能接受公平、有质量的教育，阻断贫困代际传递"；在第十二届全国人民代表大会第二次会议上，李克强总理代表新一届中央政府作政府工作报告②，明确提出"要继续向贫困宣战，决不让贫困代代相传"。这表明，我国的扶贫事业从前期以脱贫为导向转到以贫困预防为主，逐步实现从脱贫战略到阻贫战略的转变。党和政府已将防止贫困代际传递作为扶贫战略的新目标，已由过去仅仅关注个体的静态贫困进入关注代际间动态贫困的新阶段。因此，全面、深入地研究农村居民贫困代际传递，对促进社会流动、提升社会公平、实现"精准阻贫"具有重要的现实意义。

贫困代际传递是指贫困状态在代际之间的传递和复制（张立冬，2013），即在一个家庭里，贫困由父代传递给子代，贫困状态在子代成年后继续延续父代贫困的状态。这一概念最早由美国经济学家提出，主要是针对贫困状态长期无法脱贫的现象提出的，自此以后贫困的代际传递受到了许多国家以及学者的关注。贫困代际传递现象其实质是代际收入流动性不足，一方面，这会引起人力资源的巨大浪费，导致经济效率的降低，甚至出现"读书无用""努力无效"等情绪的蔓延；另一方面，贫困的代际传递意味着代际收入流动性较低，收入较低的贫困群体

---

① 新华网：《习近平主持召开中央全面深化改革领导小组第十一次会议》，2015年4月1日，http://www.xinhuanet.com//politics/2015-04/01/c_ 1114842146.htm。
② 中央人民政府网：《政府工作报告（全文）》，2014年3月14日，http://www.gov.cn/guowuyuan/2014-03/14/content_ 2638989.htm。

向上流动的机会、空间以及渠道变得越来越窄，甚至会出现贫困群体的暂时性贫困走向长期性、跨代的贫困现象，而这会导致贫富差距趋向稳定化和制度化，形成一种较为稳定的社会结构。尤其在我国，贫困群体他们可能继承父代遗留的经济、社会环境，却又难以改变这种生存状态，进而造成贫困在代际间的恶性循环。总之，贫困代际传递在一定程度上说明个体机会的不平等，而这种不平等并不是由于个体的努力，而是由于起点或机会不公平等原因造成的，那么这样的结果可能会让公众无法接受，有可能会激化不同收入阶层之间的矛盾，进而给社会带来不稳定。

通过反映居民收入差距的指标基尼系数①可知，处于我国改革开放初期的 1981 年基尼系数只有 0.2927（程永宏，2007）。根据国家统计局最新公布的我国 2017 年基尼系数发现，2017 年的基尼系数已攀升到 0.4670。这说明中国居民收入差距不仅制约着我国社会的进一步发展，而且给我国现阶段的精准扶贫工作也增加了难度。随着中国经济的发展和扶贫工作的开展，打破了原有固化的社会阶层结构，为收入较低的贫困群体创造了收入地位向上流动的机会和条件（雷欣和陈继勇，2012）。也就是说，贫困的代际传递存在被阻断的现象。那么，关注贫困群体代际间收入流动性问题，尤其是关注中国农村居民贫困代际传递问题，了解贫困代际传递背后的机制，为我国"精准阻贫"提供理论依据，具有深远的理论意义和现实意义。

理论研究方面，代际收入流动性的相关研究大多数是基于 Becker

---

① 基尼系数是国际上通用的、用以衡量一个国家或地区居民收入差距的常用指标。基尼系数介于 0—1，基尼系数越大，表示不平等程度越高，贫富差距越大。宁吉喆：《贯彻新发展理念 推动高质量发展》，2018 年 1 月 31 日，http：//www.qstheory.cn/dukan/qs/2018-01/31/c-1122337619.htm。

和 Tomes（1979）代际收入流动性经典理论模型展开的。现有文献主要存在以下几个方面的问题：一是国内研究贫困代际传递的相关文献相对匮乏。已有代际收入流动性的研究表明我国代际收入流动性偏低，那么作为社会收入底层的贫困群体，可能会面临更为严峻的"贫困代际陷阱"，阻断贫困的代际传递则有利于巩固我国扶贫工作的成果。但遗憾的是，对于贫困群体代际收入流动性及其内在作用机制的关注并不多。二是已有研究关注到父代与子代两代间的代际影响，如"穷二代"问题（林闽钢和张瑞利，2012；李长健和胡月明，2017）。显然，代际影响并不只存在于两代间，还有可能存在于三代甚至更高代之间。另外，祖父母或其他家庭成员的影响也是不可忽视的，如祖父母对于孙代的照料已经不局限于婴儿期的生活照料、接送上学放学等基础性事情，他们可能会参与到整个学生阶段的成长，尤其是中国农村贫困家庭中的祖代（如祖代对留守儿童的抚育）。Mare（2011）也证实流动性相关的资源是可以持续存在的，并直接在多代间进行传递。再者，两代人之间贫困代际传递的研究，并不能完全反映出家庭贫困代际传递的趋势。三是国内现有研究大多基于 Becker 和 Tomes（1979）代际收入流动性理论模型，对同一家庭里两代之间贫困代际传递展开研究。据上文所述，贫困代际传递存在中断的现象，那么中国农村居民贫困代际传递变化趋势是什么，是否存在贫困代际传递中断的现象？其内在影响机制如何？这些问题有待学者们进一步挖掘。四是数据与计量方法的局限性。国内现有数据要么缺乏祖代或父代收入相关数据，只有一些祖代或父代特征变量数据（如年龄、受教育程度等），要么研究两代人的收入数据是来自于同一年，在计量上两代人的收入数据存在正相关性，这导致估计代际收入弹性时存在测量误差问题。这些因素直接限制了贫困多代际传递问题的理论研究。

因此，本书希望弥补相关研究的不足，从以下几个方面深入研究中国农村居民贫困多代际传递的问题：一是将贫困代际传递的研究对象从两代人拓展到三代人，基于人力资本的视角构建一个涵盖祖代、父代和孙代三代人的贫困多代际传递理论模型，从理论上解释在同一家庭里贫困多代际传递的基本趋势；二是重点测算中国农村贫困居民代际收入流动性，揭示农村居民贫困代际传递的变化趋势，验证我国农村居民贫困多代际传递是否存在中断；三是挖掘贫困多代际传递机制，厘清贫困代际传递过程中教育人力资本、健康人力资本各自的作用，探索促进农村贫困居民收入向上流动的路径，为阻断贫困代际传递提供理论依据和政策建议；四是为了降低代际收入弹性估计值在计量上的偏误以及弥补祖代或父代收入缺失问题，本书尝试采用两个数据库获得双样本，基于双样本两阶段最小二乘法估算中国农村贫困居民多代间代际收入流动性。

第二节 研究目标、研究内容与技术路线图

一、研究目标

本书的总目标是以农村贫困居民为研究对象，基于人力资本视角，考察我国农村居民的贫困多代际传递问题。重点测算中国农村贫困居民代际收入流动性，估计祖代、父代收入对孙代收入的影响程度；挖掘贫困多代际传递机制，分析祖代、父代收入通过何种途径传递给孙代，以及探讨孙代性别差异对收入流动性的影响。具体目标分为以下三个方面。

目标一：构建贫困代际传递的理论分析框架，通过理论模型的构建，在理论上解释农村居民贫困多代际传递现象以及内在传递机制，初步在理论上验证中国农村居民贫困多代际传递是否存在中断的问题，以

及分析人力资本在阻断贫困代际传递过程中的作用机制，为后续实证检验部分提供理论支持。

目标二：实证检验祖代、父代和孙代三代之间是否存在贫困代际传递的中断问题。估计出农村贫困居民的多代际收入弹性，以了解祖代、父代收入对孙代收入的影响程度，通过经验分析验证祖代、父代和孙代三代之间是否存在贫困代际传递的中断问题，为下一步厘清贫困多代际传递机制奠定基础。

目标三：基于人力资本的视角探讨代际收入传递机制，以了解祖代、父代收入通过何种途径传递给孙代，分析教育人力资本与健康人力资本在贫困代际传递中的作用机制，为阻断贫困代际传递、促进农村贫困居民收入向上流动的政策分析提供理论依据。

二、研究内容

针对以上目标，本书在构建总体分析框架的基础上，对 CHIP 和 CHNS 数据进行匹配、处理以得到本书的分析样本，进而估计当前农村贫困居民多代际间收入流动性，并基于人力资本视角对其进行分解，识别作用机制的大小，最后对本书的研究结论进行总结，并提出相应的政策建议。研究内容主要从五个部分进行阐述。

第一部分是绪论，这是全书研究的起点，具体阐述了本书选题的研究背景及问题提出，研究目标、研究内容与技术路线图，研究方法与研究数据，相关概念界定以及本书主要的创新与不足。

第二部分是理论基础与研究综述。即为本书第一章。首先阐述贫困相关的经济学理论、人力资本理论和代际收入流动性理论等基础理论；其次对国内外文献进行分类整理，分为贫困问题的相关研究和多代际收入流动性的相关研究；最后对国内外文献进行评述。

第三部分是理论分析框架。即为本书第二章。首先构建了明瑟收入方程，考察人力资本对个体收入的影响，为主样本中"潜在祖代"收入和"潜在父代"收入的估算提供理论依据；然后拓展贫困代际传递的理论分析模型，分析了农村居民贫困多代际传递的趋势；最后探讨贫困多代际传递机制的形成，以解释祖代、父代的收入多大程度上影响孙代收入以及如何影响孙代收入。

第四部分是实证分析，在统一的理论分析框架下，主要从贫困测度、贫困代际流动性测度和影响机制分解三个方面评判贫困多代际传递情况。即为本书的第三章、第四章、第五章与第六章。

第三章进行样本配对及其样本描述统计。首先，阐述了本书所采用的两个数据库（CHNS 和 CHIP）的基本情况，然后对主辅样本的形成及其关键变量的处理过程做了详细的说明，最后对三代配对主样本和祖代、父代所对应的辅样本进行了统计分析。

第四章分析农村居民贫困多代际传递动态变化情况。首先，通过确立贫困线，以此识别农村居民是否贫困；其次，构建相应的贫困指标，以此反映出农村居民的贫困程度；最后，按照双样本两阶段最小二乘法的步骤，基于第二章明瑟收入方程和辅样本（CHIP）数据，估算出三代配对的主样本（CHNS）数据中的祖代、父代收入，多层面、多指标地测算了三代配对的主样本中农村居民贫困发生率、贫困代际传递比重，并描述我国农村居民贫困动态变化，同时形成农村贫困居民祖代、父代和孙代三代配对样本，为第五章、第六章经验分析奠定基础。

第五章是测度农村居民贫困多代际流动性。首先，简要阐述了农村居民贫困多代际传递的估计方法；然后，基于第二章的贫困多代际传递理论模型，利用第四章估算的祖代、父代收入所形成的主样本，运用双样本两阶段最小二乘法，估计了整体样本、不同孙代性别之间、不同地区之间的代际收入弹性，并分析了估计结果；最后，简要阐述无条件分位数回归的方法，并分析了不同收入分位点孙代的代际收入弹性。

第六章是分析农村居民贫困多代际传递机制。首先，简要阐述了贫困多代际传递机制的分析方法；然后，根据第二章的贫困多代际传递机制理论分析，结合 Blanden 等（2007）推荐的分解方法，在第五章的基础上，进一步检验了教育与健康各自在贫困多代际传递过程中的作用大小。

第五部分是结论和政策建议，即本书的第七章。归纳总结本书的主要研究结论，并提出相应的政策建议。

三、技术路线图

本书的研究思路，第一，结合当前扶贫工作的现状，提出本书拟解决的问题。第二，梳理本书研究主题相关的国内外文献，并对其回顾与述评，提炼出对贫困代际传递问题现有理论研究中的不足，凝练出本书研究的切入点，为本书贫困代际传递的理论分析提供支持。第三，在已有的理论研究基础上，构建本书的理论分析框架，分为三部分：一是解释人力资本对收入影响的明瑟收入方程基本模型；二是构建贫困多代际传递的理论模型，在 Becker 和 Tomes（1979）代际收入流动性理论模型基础上，推导出解释三代间代际收入流动性的理论模型，理论上验证贫困代际传递是否存在中断现象；三是在第二步基础上分解人力资本的代际收入传递机制，厘清教育与健康各自在这一过程中的作用。第四，贫困测度与贫困的动态变化描述，首先，确定贫困线和测度指标；其次，根据明瑟收入方程估算出主样本中祖代、父代的收入；再次，对主样本中农村居民收入进行贫困测度；最后，描述主样本中贫困的动态变化状况，并形成本书最终的农村贫困居民三代配对样本。第五，在本书构建的理论分析框架下，基于第四章所形成的农村贫困居民三代配对样本，测算出农村居民贫困多代际流动性，实证检验贫困代际传递是否存在中断的问题。第六，在农村居民贫困多代际流动性估算的基础上，进一步对农村居民贫困代际传递机制进行分析，挖掘促进农村贫困居民收入向上流动的路径，为"精准阻贫"提供理论依据。第七，根据实证研究结果，提炼出本书的相关结论，并提出政策建议。本书的技术路线图如图 0-1 所示。

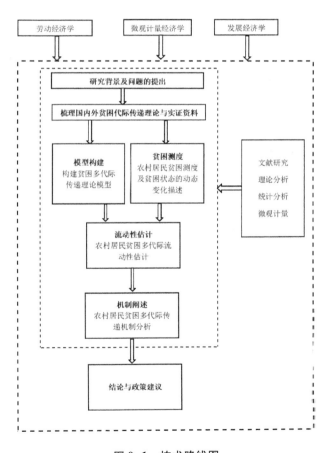

图 0-1　技术路线图

第三节　研究方法与研究数据

一、研究方法

本书以劳动经济学、发展经济学、微观计量经济学等相关理论为基础，利用微观调查数据，运用文献研究、统计分析、规范分析等方法，系统全面地分析中国农村贫困居民的收入流动性及其内在作用机制，并实证检验相关问题。本书采用的具体研究方法如下。

（一）文献研究法

本书回顾、梳理现有国内外有关贫困测度、收入流动性的文献，系统学习相关领域的研究，掌握国内外贫困代际传递的最新研究进展，提炼出相关研究的主要结论和计量方法，提出本书研究主题的新视角，推动国内贫困代际传递的研究发展。

（二）理论分析法

本书借鉴了劳动经济学、发展经济学等多个学科的相关理论，一是构建了一个人力资本对收入影响的明瑟收入方程，分析了人力资本对个体收入的作用大小，为本书双样本两阶段最小二乘法的计量方法应用奠定了理论基础；二是构建了农村贫困居民多代际收入流动性的理论分析框架，不仅将以往代际收入流动性的研究对象拓展到三代，而且还分析了教育人力资本与健康人力资本对多代际收入流动性的贡献，探讨了各自的影响机制，为本书实证检验贫困多代际传递结果提供了理论依据。

（三）统计分析法

中国健康和营养调查数据（China Health and Nutrition Survey，CHNS）和中国家庭收入调查（Chinese Household Income Project Survey，CHIP）

是目前中国调查年份较多的微观数据库，涵盖内容多，信息量非常大，为了深入了解中国农村居民收入状况以及个体的相关特征，本书利用STATA 13.1软件对数据进行处理，形成三代配对的主样本与估算"潜在祖代"和"潜在父代"收入的辅样本，并对主样本和辅样本进行描述性统计分析，为本书的计量分析做好数据准备工作。

（四）计量分析法

在统一的理论分析框架下，本书实证部分主要是测度农村贫困居民多代际收入弹性，分解内在的传递机制，采用了双样本两阶段最小二乘法，非条件分位数回归方法以及 Blanden 分解方法。

由于现有文献中关于代际收入弹性测度，大多采用单年调查的收入数据、多年调查收入的均值数据以及样本同住等问题，导致了估算结果要么存在向上偏误，要么存在向下偏误。为了克服数据所引起的计量偏误问题，本书采用了双样本两阶段最小二乘法，结合 CHNS 和 CHIP 两个数据样本，测算农村贫困居民多代际收入弹性，力求改善代际收入弹性估计结果的精确性。同时，在考察不同条件分布位置的回归结果时，计量方法的应用上绝大多数学者采用条件分位数回归方法，该方法的结果能反映出具有相同特征的个体（如，具有某一特定学历，家庭中男性成员），某些不可观测的能力对其收入的扰动性影响，但条件分位数过多地关注一些不必要的个体特征，忽视了结果与政策制定者初衷的一致性。基于此，为了进一步分析不同收入水平的孙代受祖代、父代收入影响的差异，本书将通过无条件分位数回归的方法考察孙代在不同收入分布上的代际收入弹性。此外，在探索贫困多代际传递机制时，本书采用的是 Blanden 分解方法，通过中间变量的方法对代际收入弹性系数进行分解。

二、研究数据

本书根据研究内容和方法，主要采用了中国健康和营养调查数据（CHNS）和中国家庭收入调查（CHIP）两个数据库。

（一）CHNS 数据

中国健康和营养调查数据是由美国北卡罗来纳大学人口研究中心、美国营养与食物安全研究所以及中国疾病与预防控制中心合作开展的项目，是目前有关中国调查的项目中年份最长的微观面板数据。在1989—2015 年间共进行了 10 次数据调查，分别是 1989 年、1991 年、1993 年、1997 年、2000 年、2004 年、2006 年、2009 年、2011 年、2015 年。CHNS 数据调查 2011 年以前主要覆盖范围是 8 个省份，2011年扩展到 12 个省份，2015 年又扩展到 15 个省份。覆盖了主要省份的代表性城市和直辖市。该调查主要是记录住户、个体的人口特征、收入、健康等情况。该数据作为本书的主样本，对于人力资本视角下研究贫困多代际传递具有重大的帮助。

该项目主要是考察中央和地方政府实施的健康、营养和计划生育等政策和方案的实施效果，并了解中国社会和经济转型如何影响其人口的健康和营养状况。这项调查是由一个国际研究小组进行的，研究人员的背景包括营养、公共卫生、经济学、社会学以及人口学等专业背景。调查是在 7 天的时间里完成，采用了多阶段、随机的集群程序，对 15 个省市约 7200 户家庭的三万多人进行了抽样，覆盖面广。由于项目持续多年调查，数据适合做纵向分析。

（二）CHIP 数据

中国家庭收入项目调查是由北京师范大学中国收入分配研究院CHIP 课题组组织实施。目前已开展了五次入户调查，分别收集了 1988

年、1995 年、2002 年、2007 年和 2013 年的收支信息，以及其他家庭和个人信息，分别编号为 CHIP1988、CHIP1995、CHIP2002、CHIP2007 和 CHIP2013。主要收集住户、个体的人口特征、收入、消费、就业等有关方面情况。

CHIP 数据公共数据库的调查对象包含了城镇和农村住户的调查。随着农村劳动力向城镇的不断流动，城镇和农村住户的子样本并不能完全覆盖所有的流动群体，CHIP 调查组在 2003 年调查时增加了对流动人口的调查。因此，2003 年的 CHIP 的入户调查包含了三个子样本，2008 年同样采取了分开入户调查，也是由城镇住户调查、农村住户调查和流动人口调查三个子样本构成。这些变化反映出我国城乡分割和近 20 年来农村劳动力向城镇转移的现状。本书只选取农村调查住户的子样本作为本书的辅样本，根据个体人口特征、职业等变量推测大样本祖代、父代的收入。

第四节　相关概念界定

一、贫困

贫困的定义早期只是关注生活消费方面，后来又关注到生产力方面，前者将其定义为个体的总体经济收入低于日常基本需求（衣、食、住）的支出总额，后者将其扩展到在满足基本需求的前提下，若无法满足再生产条件，此类情况也认为是属于贫困范畴之内的。随后，其他学者又将贫困扩展到文化生活方面。[1] 基于此，衍生出绝对贫困和相对贫困两种贫困。

---

[1]　童星、林闽钢：《我国农村贫困标准线研究》，《中国社会科学》1994 年第 3 期。

　　绝对贫困一般以绝对贫困线作为指标来衡量。绝对贫困线主要是指以满足人们基本需求为出发点，在特定的时间、空间以及社会发展所处阶段等条件下，能够满足或维持个体基本生存所需的支出之和（叶初升和赵锐，2013）。绝对贫困线的界定方法主要包括食物支出比例法、能量摄入法、预算标准法以及马丁法（池振合，2012）。部分学者分别从我国农村绝对贫困线[1]和城镇绝对贫困线[2]展开研究，但我国学者对绝对贫困线的确定尚未形成一致的意见。因此，本书以中央扶贫办公布的最新国家贫困标准为基础，推算各年度我国的农村居民绝对贫困线，据此识别本书主样本中祖代、父代和孙代各自的贫困状态。

　　相对贫困一般是以相对贫困线作为指标来衡量。相对贫困线主要是反映社会平均生活水平，即以收入或消费水平为标准来判断个体或家庭的生活状况低于社会整体生活水平的平均值，那么，我们将其确定为处于相对贫困状态。通过定义可知，相对贫困并非是个体的实际生活水平，而是比较不同个体间生活水平差异后权衡出来的。我国学者李实（1996）的研究结果显示，相对贫困更能反映出那些低于社会整体生活水平均值线个体的心理、社会等维度上的贫困情况，实际上就是一种"被剥夺感"。作为一种相对概念的贫困，它存在的地方和时间是没有限定的，且无论这个国家或地区的富裕程度如何，都会有部分个体处于相对贫困的状态（贾喻杰，2014）。相对贫困线的确定一般是以社会收入的中位数或人均收入的30%或50%为标准确立相对贫困线（李实等，1996；邹薇，2011）。部分学者认为也可以将社会群体的收入进行分层

---

　　① 张全红、张建华：《中国农村贫困变动：1981—2005——基于不同贫困线标准和指数的对比分析》，《统计研究》2010 年第 2 期；张晓妮、张雪梅、吕开宇、张崇尚：《我国农村贫困线的测定——基于营养视角的方法》，《农业经济问题》2014 年第 11 期。
　　② 陈立中、张建华：《中国城镇主观贫困线测度》，《财经科学》2006 年第 9 期。

分类，以社会分层的思想为出发点，将收入分为五等分或十等分。其中，五等分收入数中的第五层或者十等分收入数中的第八层被认定为相对贫困阶层。也有学者提出了二分法来识别相对贫困，即贫困与非贫困。总体而言，预算标准法、社会指标法、收入法以及扩展性支出法是确定相对贫困线的四类方法（池振合，2012），其中最为常见的是收入法。因此，本书采用收入法确立相对贫困线，以样本中所有调查者年度收入数据中位数的50%定义为相对贫困线。

二、贫困代际传递

我国贫困问题的研究受到西方学者的影响较大，最为显著的理论应用就是贫困代际传递理论。该理论认为贫困及其各诱发因素，由父代传递给下一代，进而导致下一代继续延续父代的贫困生活状态，然后又将这些贫困的诱发因素传递给子代的下一代，周而复始，形成一种恶性循环。贫困代际传递依据社会学的代际流动理论来看，其实就是同一家庭中两代人之间流动率及其内在机制的问题，它反映出一个"开放的社会"中社会流动率较高，个体向上流动的机会则越多，收入较低的贫困群体脱贫的可能性越大；反之，一个"封闭的社会"中社会流动率较低，个体向上流动的机会则越少，收入较低的贫困群体脱贫的可能性越小。贫困代际传递产生的原因：一般情况下父代处于贫困状态，那么子女的身体健康状况或者接受教育的水平都会较差，他们绝大部分的子女都会从事体力劳动或者低技术水平的劳动，可能会导致他们的子女收入较低且容易失业，这将进一步影响子女的收入。由于收入较低，若失业后又没有经济来源，可能的结果是他们的下一代延续着上述陷入贫困的状况，甚至是往复循环。

本书借用国内外多位学者对贫困代际传递的界定，将其定义为：处于贫困状态的父母或祖父母将贫困以及导致贫困的不利因素传递给孙代，导致孙代在成年后重复父母或祖父母贫困的境遇，并由孙代继续传给其后代的恶性遗传链（王爱君和肖晓荣，2009；谢婷婷和司登奎，2014）。

三、代际收入流动性

在界定代际收入流动性的概念之前，首先要区分收入流动性和代际收入流动性的定义。收入流动性是指经济地位在一定时间段或代际间的变化。[①] 一般可分为代内收入流动性和代际收入流动性。前者是指在一定时间段内，同一群体内部经济地位的变化，后者是指代际间经济的变化。代际收入流动性一般采用代际收入弹性来衡量，也就是说父子两代的收入相关性程度即为代际收入弹性，代表子代在收入分布中所处的位置受到父代收入的影响程度。我国学者王海港（2005）认为代际收入弹性是指子代收入对父代收入的弹性，本书也将借鉴代际收入弹性这个定义。代际收入弹性系数的大小则是测度代际收入流动性的具体指标，若代际收入弹性越大，则代际收入流动性水平越低，子代对父代的依赖性越强；反之，代际收入弹性越小，则代际收入流动性水平越高，子代对父代的依赖性越弱。

本书关注的贫困多代际传递问题，其实质是考察收入水平低于贫困线群体的多代际收入流动性，将采用代际收入弹性来衡量贫困多代际收入流动性，反映孙代收入在多大程度上来自于祖代、父代。如果代际收入弹性越高，则表示祖代、父代收入对孙代收入的影响越大，代际间的收入流动性则越小，孙代对祖代、父代的依赖性越强；反之亦然。

---

① Fields G.S., Ok, E.A., "The Meaning and Measurement of Income Mobility", *Journal of Economic Theory*, Vol.71, No.2, 1996.

四、人力资本

人力资本思想是由亚当·斯密（Adam Smith，1776）在《国富论》中首次提出的。[1] 他认为自我教育投资的费用可以作为劳动者的资本，亚当·斯密仅仅关注物质资本，忽视了劳动者技能的作用。"人力资本之父"舒尔茨（Theodore W.Schulz，1964）首次明确了人力资本的含义。[2] 学者们认为劳动者的才能、健康、技能、知识等共同构成了人力资本，其中可以通过教育或培训等方式完成知识和技能的基本积累，进而形成了教育人力资本，随后格罗斯曼（Sanford J.Grossman，1972）又将健康纳入到人力资本的范畴[3]，他认为健康可以被视作持久的资本，在健康的时间中劳动者可以拥有高效的生产率。

因此，本书关注的人力资本包括教育人力资本和健康人力资本。教育人力资本将其定义为通过教育投资的方式，增加劳动者自身知识与技能，进而影响个体的工作及收入水平；健康人力资本则是凭借劳动者对自身健康的投资，增强了自身的身体综合素质，进而获得对自身及其子女健康和收入的影响。

第五节　主要创新与不足

一、创新之处

本书在借鉴国内外贫困代际传递的相关研究基础之上，根据 CHNS

---

① ［英］亚当·斯密：《国富论》，郭大力、王亚南译，商务印书馆 1974 年版，第 257—258 页。

② ［美］西奥多·W.舒尔茨：《人力资本投资——教育和研究的作用》，蒋斌、张蘅译，商务印书馆 1990 年版。

③ Grossman M., "The Demand for Health: A Theoretical and Empirical Investigation", NBER, *Occasional Paper 119*, New York: Columbia University Press, 1972.

和 CHIP 两个数据库的调查数据，通过理论分析和经验分析，研究了中国农村居民贫困多代际传递问题，可能的创新点主要体现在以下几个方面。

第一，将贫困代际传递的研究对象拓展到三代人。本书将祖代引入到贫困代际流动性模型中，丰富和拓展了国内现有的父代与子代代际收入流动的相关研究。不仅将贫困代际传递的研究对象由农村同一家庭里的两代（父代与子代）扩展到三代（祖代、父代和孙代），而且将过去贫困的静态研究转向贫困的动态研究，进一步深化了对贫困的认识与理解。

第二，构建了一个既能解释贫困代际传递问题，又能解释贫困代际传递中断的理论模型。国内已有贫困代际传递的相关研究，大多数是基于 Becker 和 Tomes（1979）代际收入流动理论模型展开研究，其结论表明两代间存在贫困代际传递。本书在两代代际收入流动理论模型的基础上，进一步推导，拓展到反映中国农村贫困居民祖代、父代与孙代三代间收入代际流动的理论模型，最终理论模型的结果显示，该模型既能解释贫困代际传递问题，又能反映贫困代际传递中断现实状况，进一步丰富了国内代际收入流动性的理论研究。

第三，以人力资本视角考察了贫困多代际传递过程中教育与健康的作用，突破了现有研究忽视祖代群体的局限性。一是引入健康人力资本中间变量，探讨农村贫困居民的代际收入流动性的内在机制。目前，鲜有文献探讨农村贫困居民多代际收入流动性的内在机制问题，即便有相关文献，要么只关注教育，要么只关注健康。同时将人力资本的两个基础变量教育与健康作为中间变量，比较两个变量的影响差异，对提高农村扶贫工作的针对性有着现实的指导意义。二是研究贫困代际传递机制初衷是为阻断贫困代际传递的政策分析提供理论支持，但以往研究忽视了祖代在孙代人力资本积累阶段的作用，本书通过拓展到三代人贫困代际传递内在机制的研究，在一定程度上弥补了国内现有贫困代际传递机制研究的不足，为阻贫政策的制定与实施提供了更具操作性的手段，进一步提高了精准扶贫政策的针对性。

第四，计量方法应用的创新。当前有关中国微观调查公开数据库追踪时间一般较短，在估计多代间收入流动性水平时，单独从一个数据库中整理出祖代、父代以及孙代的配对数据，可能会出现配对样本中没有祖代、父代收入或者收入为截面数据，且数据存在样本数据中父子同住问题，这些因素都会导致代际收入弹性估算结果出现计量偏误。为此，本书选择从 CHNS 和 CHIP 两个数据库中获取双样本来估计多代间收入流动性水平，以 CHNS 数据库为主样本、CHIP 数据库为辅样本，以祖代、父代和孙代各自的年龄为标准进行配对，运用双样本两阶段最小二乘法（TS2SLS），有效地改善了代际收入弹性系数的估计偏误。此外，为了厘清某些不可观测的能力对其收入的扰动性影响，进一步分析不同收入水平的孙代受祖代、父代收入影响的差异，以往研究大多采用条件分位数回归方法，但该方法过多地关注一些不必要的个体特征，忽视了结果与政策制定者初衷的一致性。因此，本书引入无条件分位数回归的方法考察孙代在不同收入分布上的代际收入弹性。

二、研究的不足

第一，限于公开数据的局限，本书在测度农村贫困居民的多代际收入流动性时，只考虑了将工资性收入（包括现金收入和实物收入）作为个体的收入变量，其他以家庭统计的非工资性收入，由于难以分摊到个人，并没有纳入收入变量中。而伴随着城镇化的发展，尤其是靠近城镇近郊的农村，财产性收入与财产差距的扩大问题变得越来越突出，收入变量的指标需要进一步丰富。此外，根据年龄配对规则，CHNS 数据所形成的三代配对主样本的样本量相对较少，后续需要获取样本规模更大的长期的家庭追踪数据，进一步提高本书研究结论的理论意义和现实意义。

第二，贫困代际传递机制的解释问题。居民的收入受到诸多因素的影响，如职业、公共教育支出等，这些影响因素给贫困多代际传递的内在机理的解释带来了更多的复杂性，本书只是根据 Becker 和 Tomes（1979）的理论模型，尝试解释家庭层面教育人力资本与健康人力资本在祖孙三代的代际收入流动中作用机制，但是仍然存在不足，需要进一步探索其他中间变量的作用。

第一章　理论基础与研究综述

第一节　理论基础

一、贫困的经济学理论

（一）发展经济学的相关理论

随着发展经济学的兴起，许多西方学者开始关注发展中或欠发达的国家或地区，关注内容主要是不平等、贫困等问题，在此过程中逐渐形成一些有关贫困问题的相关理论。这些理论的主要观点是，制约发展中国家或欠发达地区的发展、人均收入低下的主要原因是极度匮乏的物质资本所引起的投资不足。不同学者对物质资本匮乏的研究有着不同的视角，其代表性的理论成果为：贫困恶性循环理论和循环积累因果关系理论。

贫困恶性循环理论①是纳克斯（Ragnar Nurkse）于 1953 年提出的，该理论认为发展中国家或地区的贫困恶性循环，主要是由于经济中一些关联性较强的因素相互作用的结果。具体可以分为两个维度来看：一是供给维度。发展中国家或欠发达地区一般经济发展滞后，人民的收入普

① ［美］讷克斯：《不发达国家的资本形成问题》，谨斋译，商务印书馆 1966 年版。

遍偏低，导致人民的收入只能支撑日常的生活开支，人民的储蓄率则极低，这也进一步恶化了物质资本不足的现状，进而农业规模的扩大和生产效率的提高都受到了制约，其直接结果可能会导致生产力水平和人民的收入水平停滞不前。二是需求维度。欠发达地区或处于发展中的国家，自身经济发展相对滞后，人们收入水平整体上偏低，且满足日常生活支出已经占据了绝大部分收入，剩下极少部分用来消费，而消费不足会导致投资不足，其连锁反应是农业规模受限和效率低下，直接会造成农业产出和收入都会相应降低。在供给和需求两端的共同作用下，会形成一种人们产出低、收入低的死循环，其结果可能是贫困状态无法得到有效的突破。该理论的理论价值比较突出，但也不能忽视一些问题：其一，低储蓄率不仅仅是由于个体收入低引起的，国家相应的制度缺陷、政策激励失效都会影响储蓄率；其二，在缺乏一些必要的要素（如管理技术、管理才能等）情况下，即使资本投入足够多，发展中国家依然会出现低产出、低收入的现实状况；其三，贫困恶性循环理论仅仅关注了个体储蓄，忽视了政府储蓄，然而，发展中国家的政府能迅速筹集大量资本，并将其投入到生产性领域，这是影响产出和收入的重要影响因素。

循环积累因果关系理论①则认为，在社会经济发展过程中，各个因素之间存在相互作用、相互影响的关系，甚至有的互为因果，可能会出现一种循环积累的发展态势。其原理是某一个因素产生的变化会引起另外一个因素相应的产生变化，且强度更大，此过程不断地累积循环，周而复始，不断强化最开始的那个因素，促使经济朝着既定的方向不断发展。但发展中国家或欠发达国家所面临的是一个低收入不断累积循环发

---

① ［瑞典］冈纳·缪尔达尔：《世界贫困的挑战：世界反贫困大纲》，顾朝阳等译，北京经济学院出版社 1991 年版。

展的困境，其路径可能是收入水平整体上低下—生活水平较低—基本服务（教育医疗、卫生等）滞后—人口素质降低—劳动力素质不高—劳动就业困难—生产效率低—产出增长幅度下降或停滞—收入水平更低。在此过程中低收入会进一步巩固贫困水平，促使国家陷入"低收入与贫困的积累性循环"中。然而，低收入是政治、经济、社会、文化以及制度多重因素共同影响的结果，资本只是其中一方面，收入分配制度也是一个不能忽视的因素。因此，缪尔达尔（Kari Gunnεr Mydal）认为可以通过改革的方式提高低收入人群的收入，如教育改革、医疗改革等，从而实现收入的平等。由于低收入人群收入水平的提升不仅可以刺激消费，增加个体的储蓄，积累相应的资本，而且会较大幅度地提高生产效率，提升产出水平，进而达到进一步提高人民整体的均值收入，从而打破"低收入的循环积累"，形成良性的"循环积累因果关系"。

（二）收入分配视角的贫困理论

凯恩斯（John Maynard Keynes）认为收入分配不公平是社会不公平的直接表达形式，那么，如何实现收入分配公平？凯恩斯认为可以通过三种方法实现：一是税收调节，即国家通过对高收入人群多征税，低收入人群少征税的税收调节方式来实现收入公平分配；二是调整储蓄利率，即通过降低储蓄利率，一方面降低高收入人群的财产增值空间，另一方面促进社会资本的流动；三是政府行政管理，通过设置最低工资标准提升低收入人群的收入，同时加强立法，完善劳动者的保障制度。

总体来说，贫困的相关理论从宏观层面经济发展状况以及调节收入分配两个角度，说明了贫困的原因及其缓解收入分配不公平的方式。

二、人力资本理论

人力资本理论受到许多学者的关注，它已成为西方新经济学理论的重要分支，其代表性人物是美国经济学家舒尔茨和贝克尔（Gary Stanley Becker）。两位学者从宏观、微观两个层面，关注了货币、物质和人这三个要素，理论分析的结果认为在现实中以往的土地和货币等因素已经被个人所拥有的知识和能力所替代，这也成为创造财富的主要要素。

舒尔茨的人力资本理论认为仅仅从物质资本、劳动力以及自然资源等角度去分析国家生产力的提高是不科学的，如资源短缺或受战争破坏的国家，它们也可以凭借生产恢复和休养生息的方式，促进本国经济的逐步发展与壮大。[①] 基于此，他认为人力资本是除实务资本之外，又一重要的生产要素。其主要观点如下。

第一，人力资本的积累促进经济社会的发展与增长。对物质资本投资会产生相应的收益，同样人力资本投资也是如此，对人力资本与物质资本同时投资时，当二者的投资量达到最佳投资比例时，可以认为人力资本和物质资本二者的投资收益率相当。单纯依靠自然资源和劳动力的数量来发展经济显然是不可能的，将提高劳动者质量的措施作为补充，如投资教育和健康，才能有效地提高劳动生产率，进而促进经济的快速发展。

第二，教育能促进社会收入分配的平等化。收入水平的高低受到劳动者自身人力资本积累的影响，劳动者生产力的提高是源自于自身知识和技能的提升，进而促进自身收入水平的提升。舒尔茨认为个体受教育程度的差异和变化直接影响着个体收入水平的高低以及收入增长变化的幅度。教育的影响途径：一是受教育程度直接影响工资水平的高低。个体只有通过接受教育，不断提高自身的人力资本积累，进而提高自身知

---

① ［美］西奥多·W.舒尔茨：《论人力资本投资》，吴珠华等译，北京经济学院出版社1990年版。

识储备和技能水平，以达到提升自身收入水平的目标。二是受教育程度能在一定程度上缓解不同受教育程度所产生的收入差距。三是对人力资本投资的增加，在一定程度上减小了物质资本与财产性收入对个体收入水平的影响，从而得以彰显收入分配公平。此外，舒尔茨还对人力资本的形成方式和途径进行了探讨，并实证检验了教育投资的收益率以及宏观经济增长在多大程度上受到教育的影响。

贝克尔的人力资本理论[①]。贝克尔将人力资本的内涵由知识和技能等方面的内容进一步拓展到健康，并提出一些概念，如家庭时间价值与时间配置、市场活动与非市场活动、子女直接成本与间接成本等，进一步丰富了人力资本理论的内涵。他主要从微观视角分析了教育与培训、健康与时间等因素对人力资本形成的重要影响。与舒尔茨不同的是，在肯定了教育对宏观经济正向影响的基础上，他认为通过对人力资本投资会直接影响个体未来收入，促进了人力资本理论研究与实际应用的发展。

格罗斯曼（1972）首次探讨了健康对劳动者生产力的影响，健康成为人力资本理论框架中的一部分，人力资本的内涵进一步得到丰富。健康从微观个人和家庭的角度来看，它是个体日常学习、生活以及工作的基础；从宏观经济的视角来说，它是各个国家经济快速发展的"助推器"（封岩和柴志宏，2016）。具体来说，格罗斯曼将健康看作是投资品，一种能增长劳动时间的，对其投资后能获得相应健康效应，以及提高劳动者的生产效益。也就是说，健康与教育对人力资本的形成都有着同样的作用。格罗斯曼在肯定教育对经济增长的作用基础上，不仅突出了个人健康的重要性，而且进一步推动了人力资本的发展。

---

① ［美］加里·贝克尔：《人力资本理论》，郭虹等译，中信出版社2007年版。

综上所述，人力资本理论表明不仅健康资本和教育资本是一种投资行为，而且只要是能提高人们智力和身体素质的行为都是投资行为。然而，以往人们只是将健康管理、教育投入等行为都归为消费行为，并没有像原材料、机械设备、土地以及其他有价证券等将其视为投资行为。传统观念中只有物质资本是资本的思想束缚被舒尔茨和格罗斯曼等人打破了，他们将人力资本与物质资本同时纳入资本的范畴，为政府制定教育人力资本、健康人力资本的发展规划提供了理论支持。人力资本的形成主要是依靠教育投资、在职培训、医疗保健投资以及迁移投资等四个方面的人力资本投资实现的。

人力资本理论经过舒尔茨、贝克尔、格罗斯曼等人共同努力，搭建了教育、健康与经济相互联系的桥梁。本书关注农村贫困代际传递，即低收入群体的代际流动性及其内在影响机制研究，人力资本理论表明可以通过对健康人力资本、教育人力资本的投入，提高祖代、父代的劳动生产率，增加祖代、父代的身体素质，促使人力资本在阻断贫困传递的过程中发挥积极的作用，提高孙代的收入水平，摆脱贫困。人力资本为人们认识教育、健康的作用提供了一个全新的思路，通过对人力资本与经济的相关研究，有利于我们进一步了解教育人力资本、健康人力资本在影响收入中的作用，有助于我们分析教育与健康在人力资本代际传递过程中的作用机理，进而为阻断贫困相关政策的制定提供理论支持。

三、代际收入流动性理论

Becker 和 Tomes 两位学者于 1979 年在人力资本理论的基础之上，构建了一个代际收入流动性和不平等的理论分析框架。他们首次将代际间收入流动性问题以经济学的视角展开讨论，认为家庭在信贷市场不存在的条件下，子女受到人力资本投资会面临预算约束的问题，也就是说家庭收入状况直接制约着子女获得人力资本投资的数量，这造成了不同家庭收入状况（富人和穷人）的子女所拥有的初始人力资本投资是不一样的、不平等的，子女成年后收入也会出现不平等的状况。

具体来说，Becker 和 Tomes 假设一个单亲家庭只有一个子代 t，家庭中的父代（父亲或母亲）一生的收入 y_{t-1} 将分成两部分，一部分是自身的消费 C_{t-1}，另一部分是对子代进行人力资本的初始投资 I_{t-1}，帮助其获得收入技能。因此，父代的预算收入约束则为：

$$y_{t-1} = C_{t-1} + I_{t-1} \tag{1.1}$$

那么，子代将父代的人力资本投资 I_{t-1} 转化为自己持久性收入的方式则为：

$$y_t = (1 + r) I_{t-1} + E_t \tag{1.2}$$

其中，r 是父代投资子代人力资本的投资回报率，E_t 则代表影响子代持久性收入的其他因素之和。

根据上面两个式子可知，父代为了满足自身效用函数最大化的需求，必须在自身消费与子代人力资本投资二者之间进行决策。则有效用函数：

$$MaxU = (1 - \alpha) \log C_{t-1} + \alpha \log y_t \tag{1.3}$$

对（1.3）式求一阶导数，最佳投资决策则为：

$$I_{t-1} = a\, y_{t-1} - (1 - a) E_t / (1 + r) \tag{1.4}$$

将（1.4）式代入上文的（1.2）式，进一步可以得出：

$$y_t = \beta\, y_{t-1} + a E_t \tag{1.5}$$

（1.5）式中，$\beta = a(1 + r)$。

进一步将其他影响子代永久性收入的因素总和 E_t 分解为子代赚钱的禀赋 e_t（与上文中父代的人力资本投资 I_{t-1} 无关）和非系统部分或子代运气 u_t，则有：

$$E_t = e_t + u_t \tag{1.6}$$

Becker 和 Tomes（1979）认为，家庭的名望与社会关系、家庭基因结构对子代能力、种族等特性的贡献以及家庭文化对子代知识与技能的获得共同决定着子代的禀赋。也就是说，子代禀赋主要是取决于父代、祖父代以及其他家庭成员的特征，而且家庭文化也在一定程度上影响子代的禀赋。综合以上分析，Becker 和 Tomes（1979）进一步假设子代的禀赋 e_t 与父代的禀赋 e_{t-1} 二者之间存在着正向关系，且 e_t 遵循一阶自回归的过程，则有：

$$e_t = \lambda e_{t-1} + \nu_t \tag{1.7}$$

其中，$0 \leqslant \lambda < 1$，ν_t 与方差 σ_ν^2 无关。

由（1.5）式与（1.7）式可知，λ 的符号为正，则 E_t 与 y_{t-1} 呈现出正相关，由此可知代际收入之间的关系并不是简单的 β 值。为此，为了进一步确定代际收入之间的关系，将（1.6）式代入到（1.5）式中，得到：

$$y_t = \beta y_{t-1} + a e_t + a u_t \tag{1.8}$$

假设 $0 < \beta < 1$，则有 e_t 的方差为 $\sigma_e^2 = \dfrac{\sigma_v^2}{1 - \lambda^2}$，$u_t$ 的方差是 σ_u^2。基于此，父代与子代代际收入之间的关系即可划为两部分讨论：一是若 $\sigma_e^2 = 0$ 或 $\lambda = 0$，则（1.8）式即为一阶自回归且包含一个白噪声，系数 β 就可以代表代际收入之间的关系；二是若 $\sigma_u^2 = 0$，则（1.8）式是包含误差项的一阶自回归过程，那么此情况下估计的结果存在不一致的问题。因为实际的代际收入关系为 $(\beta + \lambda) / (1 + \beta\lambda)$，估计值 β 在 $\lambda > 0$ 的情况下，会出现向上偏离。一般情况下，表示代际收入关系的式子则为：

$$Corr(y_t, y_{t-1}) = \delta\beta + (1 - \delta) [(\beta + \lambda) / (1 + \beta\lambda)] \tag{1.9}$$

其中，$\delta = a^2 \sigma_u^2 / [(1 - \beta^2) \sigma_y^2]$。

综上理论推导可知，父母不仅将自身的一些禀赋传给孩子，而且还通过他们的技能、学习、健康、积极性、"文凭"等许多特征进行投资来影响他们孩子成年后的收入。这些成本不仅取决于孩子能力，而且取决于收入、偏好和父母的生育率，以及社会对教育、其他家庭孩子的人力资本和其他变量的支出。由于工资实际上是大部分父母的唯一收入，这也是影响孩子人力资本途径的主要因素。

第二节 文献综述

一、贫困问题的相关研究

（一）贫困的界定

贫困的系统性研究源自于英国经济学家朗特里[1]（Rowntree, 1901），他在1899年对约克郡每个工人阶级家庭进行了一次大型调查研究，主要内容是对工人家庭的生计状况展开调查，其研究成果在1901年以《贫困：城市生活研究》一书出版。他在书中描述了一个为工人家庭建立的贫困标准，即为家庭收入的总体水平无法满足维持日常最低生活所需的必需品（食品、房租）所有支出。他根据这个贫困标准确定了贫困线，并将其与家庭收入进行比较，估算出贫困的具体值。他是第一个将贫困研究进行量化研究的，可以说是开创性的工作，为后来贫困的研究奠定了基础。

朗特里提出的贫困概念主要是以家庭收入或支出来衡量的，反映的是收入的贫困（Income Poverty）。也就是说，收入无法满足最低需求时，个体将不能正常成长和生活，由此，这类贫困又称之为绝对贫困。

---

[1] 尹世洪主编：《当前中国城市贫困问题》，江西人民出版社1998年版，第27—29页。

然而，这类反映生物学意义上的贫困存在许多争议的地方，如最低支出水平的差异可能源自于身体条件、工作习惯或者气候条件等因素的不同；商品的组合决定了最低营养标准如何转换为最低食物标准；再者，想要确定非食物类项目的需求量是相当困难的。基于这些争议的问题，加尔布雷斯（Calbraith，1958）、鲁西曼（Runciman，1966）和汤森德（Townsend，1971）[①] 提出了相对贫困的概念和理论，他们认为个人贫困与否不仅由自身收入的多少决定，而且也会受社会中其他成员的收入水平影响。

汤森德认为贫困是由于个体收入较低，导致资源的匮乏所引起日常生活水平的享有和日常社会生活权利的参与都被剥夺。这一概念的前提是穷人和其他人一样拥有上述的权利，但在现实生活中，个体自身所拥有的资源决定着日常社会生活水平和正常社会活动的机会获取。然而，这些资源对于穷人而言是相对匮乏的，与之相对应的是他们会丧失本该拥有的机会和权利。总体来看，绝对贫困是指个体或家庭对于基本所需资本是匮乏的，并不能维持最低的营养、必需品等生活需要，甚至是难以生存；而相对贫困则是指个体或家庭现有的资源，虽然可以满足日常最低的生活需要，但是却低于社会整体的平均生活水平，往往只能维持"温饱"水平的现状。此外，相对贫困还包含一种被剥夺的社会心态，这种被剥夺感源自于以社会中其他社会群体为参照对象，比较个体与其正常生活水平差距的结果。国际劳工组织[②]（ILO，1976）提出的"基本需要"（Basic Needs）概念："基本需要，首先包括一个家庭作为私

---

① 何深静、刘玉亭：《中国城市贫困问题的国际研究新进展》，《国际城市规划》2008 年第 4 期。

② Jolly, R., "The World Employment Conference: The Enthronement of basic needs", *Development Policy Review*, Vol. A9, No. 2, 1976.

下消费的最起码需求——足够的食物、衣物、住屋、某些家具及日用物品；其次，它也包括获取社会所提供的基本服务如食水、卫生、公共交通、医疗、教育和文化设施等。"这一概念并不能作为生存的最低条件，也不能割裂个体的尊严与生命目标的掌控度，因为"基本需要"的界定标准取决于一个国家整体经济和社会发展的水平。

随后，阿马蒂亚·森（Amartya Sen）提出一个新的贫困理论①，他使用权利方法来看待贫困与饥荒的产生。该方法强调一种能反映出社会权利关系的能力，而这种能力的具体体现在于个人对粮食的支配与控制能力，其中经济、政治和法律等要素又是决定权利关系的关键。贫困和饥荒的产生可能源自于不合理的权利机制或失败的权利机制。阿马蒂亚·森进一步认为，在市场经济中，以贸易为基础的权利、以生产为基础的权利、自己劳动的权利、继承和转移权利等是人们所拥有的基本权利，个体权利交换的下降可能直接导致饥饿。后续又提出能力贫困的概念，其含义是根据个体所拥有的能力，来具体判断个体的处境，其中能力是特指自身所拥有的、可享受自己生活的实质自由。该理论将个人贫困的内涵从个人收入低下，扩展到以营养不足、早亡、慢性病以及文盲等形式反映的能力剥夺。阿马蒂亚·森的贫困理论是贫困理论研究中的具有里程碑式意义的成果，他促使人们更全面地考虑人类的发展。阿马蒂亚·森的贫困理论不仅仅是将收入贫困拓展到能力贫困和人类贫困，而且将影响贫困的因素从经济方面扩展到政治、法律、文化等多方面，直接将以往的经济发展层面拓展到人和社会发展的层面。他认为消除贫困的有效方式是让人们享受更多的自由行为，能让人们选择更多的机会。

---

① ［印度］阿马蒂亚·森：《贫困与饥荒——论权利与剥夺》，王宇、王文玉译，商务印书馆 2004 年版。

总之，早期学者们对于贫困，仅仅从生活消费的视角关注人们生存的基本需求，认为贫困就是一种个体收入无法满足或支撑自身衣食住等基本需求的生活状况。随后学者们将贫困的范畴扩展到再生产的条件和手段的缺乏也称之为贫困，表明学者们的研究视野拓展到生产力领域。文化生活的匮乏也被一些学者引入到贫困的范畴里，以便从更广泛的角度考察贫困（童星，1994）。由此衍生出两种贫困的定义标准：绝对贫困和相对贫困。传统上贫困标准主要分为"绝对贫困线"及"相对贫困线"两种。

（二）贫困的测量

贫困本身的复杂性给贫困的测量带来许多困难，贫困测量的目标不仅仅是全方位、多角度地反映出贫困状态，更重要的是与政策相关群体的差异要能准确、合理地反映出来（Alkire 和 Santos，2014）。测量内容不仅要考虑个体的需求、主观意愿、客观福利以及自身权利，而且要充分考虑个体的偏好等。Sen（1981）将贫困的测量方法分为直接测量和间接测量两类，前者是根据能力贫困理论中可行能力直接测量或测量是否满足个体的一些基本需求和权利，而间接测量主要是考量货币度量，内容包括收入、消费以及支出是否低于设定的贫困线。其中直接测量如欧洲的相对剥夺测量（Townsend，1979；Mack 和 Lansley，1985；Gordon 和 Ritakallio，2006），美国的贫困测量（Mayer 和 Jencks，1989），拉丁美洲的基本需求测量（INDEC，1984；Boltvinik，1999），等等。许多国家官方的贫困测量多采用间接测量的方式。

我国学者在贫困测量的相关研究上也取得了丰富的成果。贫困的评价指标由党的十一届三中全会之前的吃粮水平，逐渐延伸为吃、穿、医疗卫生等内容，随后又将燃料和住房医疗消费纳入其中，后来又进一步扩展到教育、交通、生态环境等多个方面。随着"精准扶贫"战略的不断推进，我国许多地方因地制宜探索出许多操作性强的多维贫困标准，如"一看房，二看粮，三看有没有读书郎"等。随着贫困相关研究的深入，贫困的测量内容得到进一步丰富，测量方法也由过去单维度测量（如测量收入或支出）转变到多维度贫困测量。总体来说，各个测量方法之间存在差异，侧重点也不一样，但各个测量方法的标准主要基于六个方面展开（Székely，2005）：一是易于描述且容易理解；二是不违背贫困的常识性概念；三是切合贫困测量的目标；四是技术上的可行性高；五是测量的可操作性强；六是方法的可复制性强。贫困的测量维度的演变，其原因是：第一，贫困人口受到剥夺是多方面的，每个方面都是至关重要的（Sen，1992）。第二，贫困人口采用单一维度收入作为指标来测量并不能反映贫困自身多维度的特性，收入贫困只是贫困的一方面，还有如健康、文化等方面的贫困（Charles，2010）。第三，收入或消费的测度并不能很好地反映出贫困人口其他方面被剥夺或社会排斥的状况，正如一国人们生活质量的指标采用国家宏观层面的人均国民生产总值替代，往往无法反映出农户真实的生活水平。现有贫困的研究结果证实了能力贫困但收入不贫困的差异大约为21%—93%。第四，数据的丰富与数据处理能力的提升，促使贫困多维体系测量的可能性在不断提升（Duclos，2002）。第五，多维体系的贫困测量是对收入单一指标贫困测量的一种重要补充，并不是完全摒弃或替代收入测量（Alkire，2007）。第六，公共政策制定的初衷是预先干预、提前阻断贫困，多维度测量贫困就是找到研究对象在各维度上被剥夺的实际状况，为提高政策的针对性和可操作性奠定理论基础（王小林，2009）。

另外，部分学者将贫困分为绝对贫困和相对贫困。两类贫困关注的内容存在差异，因此测量上也有各自的侧重点。绝对贫困的测量主要有收入法、消费支出法、恩格尔系数法、实际生活质量系数法、基本需求综合指标法（多维贫困测量）、参与式评估法（PPA）等（谢立峰，1987；肖佑恩，1989；赵冬缓等，1994；李实等，1996；汪三贵，2007；Alkire，2007；叶初升，2010）；而相对贫困的测量主要有基尼系数法、收入份额差异比较法等（奥迪·海根纳斯，1991）。

总之，贫困标准受到宏观层面如地区、经济发展水平等，微观层面如家庭规模、消费结构等因素共同的影响，会随着这些因素的变化而变化，呈现出动态变化的特征。具体来说，一是贫困标准随着年度变化的调整。以收入标准测量贫困时，贫困标准则是一个时期变量，物价水平在不同年度存在一定的波动，进而导致人们维持正常生存的最低生活需求的成本会随着经济发展的变化而变化。一般来说，成本的变化若在短时间内变动较小，那么贫困测量则可以较长时间调整一次，但测量的具体指标中涉及价格指标的都需要根据物价因素进行评估与调整。二是区域间的调整。我国经济发展区域间存在较大的差异，导致各地的价格水平存在差异，在贫困标准的制定过程中，应充分考虑这些差异，根据当地物价指数等进行平减（孟昭杰，1996）。三是家庭规模的调整。家庭规模或家庭结构的变化，会导致在相同收入水平下，消费效益存在很大的差异，但对生活消费水平的影响系数并不呈现出稳定的状态（童星，2004，2018）。总之，贫困线的调整可能会随着收入来源的差异、家庭人口结构或规模、户主年龄差异等因素调整，但从长期来看，测量体系的变化会受到居民消费结构的变化、人口老龄化的趋势等因素的间接影响，进而引致贫困标准随之产生变化。

（三）贫困动态性相关研究

近些年来，随着对贫困问题研究的深入，学者们已由过去仅仅关注静态贫困转为对动态贫困的关注。一般来说，对贫困的动态分析主要从两个方面着手：一是通过分析不同家庭或个体所经历的贫困长短状况来判断其贫困持续的情况；二是通过对不同群体在整个生命周期内不同时点退出或进入贫困的基本情况来探索和掌握贫困的基本运行规律和特点。总的来说，在贫困的动态分析中，可以将贫困分为三种类型（张清霞，2008）：从未贫困、短期贫困和长期贫困。

从时间维度来看贫困动态类型，一般是将个体或家庭所经历的贫困时间的长短作为判断标准。其中有两点需要说明，一是强调个体或家庭所经历的贫困时间长度来判断，回顾现有研究发现，在不同地区或国家的家庭之间，各自所经历的贫困时间长度是不一样的，差异较为明显。美国学者对本国家庭以十年为期限考察其贫困状况发现，本国家庭的贫困持续时间超过一年的样本大概占整体样本的 1/4 到 1/3 之间，家庭贫困持续的时间超过 8 年的样本占整体样本的 2.6%—5.1%[1]。也有学者利用一个涵盖印度家庭 9 年生活状况的面板数据，对印度家庭的贫困状况进行了测度，结果显示印度家庭中处于贫困状态的占比约为 20%，而从未贫困的占比只有 12%[2]。我国学者利用 2007 年和 2008 年 CFPS 的调查数据，参照国家制定的贫困线标准，测量我国家庭贫困状况发现，在 2007 年和 2008 年两个年度都处于贫困的家庭较少，占总样本的比重在 10% 以下（罗楚亮，2010）。而我国学者于敏（2011）基于甘肃和内蒙古两省 1999—2004 年的家庭收入状态的面板数据，考察了两省（区）家庭的动态贫困状况，结果显示 1999—2004 年之间一直处于贫困状态的家庭占比为 0，但两个省（区）的家庭在连续 5 个年份处于贫困状态的占比甘肃为 1.6%、内蒙古为 1.3%，连续 4 个年份处于贫困状态

[1] Duncan G.J., "Years of Poverty: Years of Plenty: The Changing Economic Fortunes of American Workers and Families", *Journal of Economic Issues*, Vol.19, No.3, 1985.

[2] Gaiha R., Deolalikar A., "Persistent, Expected and Innate Poverty: Estimates for Semiarid Rural South India 1975-1984", *Cambridge Journal of Economics*, Vol.17 No.4, 1993.

的占比甘肃为 3.9%、内蒙古为 3.4%。二是以贫困时间长度将贫困划分为长期贫困和短期贫困。有学者认为长期贫困与短期贫困相对而言更严重，假定 3 年连续处于贫困状态视为长期贫困，1 年或 2 年连续处于贫困状态视为短期贫困，在对我国 22 个省或自治区 2000—2002 年有关家庭经济状况的面板数据进行贫困的动态分析后，发现样本中贫困家庭的类型主要是长期贫困[①]。也有学者认为短期贫困与长期贫困相对而言更严重，岳希明等（2007）根据我国 1997—2001 年 592 个国家级贫困县的 16000 个农村家庭面板数据研究发现，短期贫困是我国贫困家庭的主要类型。张立冬（2010，2013）在随后的研究中证实了短期贫困是我国家庭贫困的主要类型，其结果表明持久性贫困为 4.72%，而暂时性贫困达到 95.28%。后续许多学者的研究发现，暂时性贫困是我国贫困家庭的主要类型（李翠锦和李万明，2015；汪为等，2018）。郭劲光（2011）对辽宁省重点贫困县进行了贫困状态的测度，利用聚类分析、敏感度分析等方法，从贫困发生频次、深度以及持续性三个方面展开研究，发现长期贫困与短期贫困是同时存在的，并非呈现出"单一分布"的偏态状况。

此外，罗楚亮（2010）利用 IV 法研究农户贫困发现，外出务工不仅能有效降低农户自身陷入贫困的概率，而且它也是影响贫困状态转换的关键要素。结果显示经历 1 年暂时性贫困的群体占大多数，但贫困群体中的大多数都在 2 年内经历了脱离或陷入贫困的动态转换过程。随后罗楚亮（2012）基于 CHIP 的数据，研究发现农村贫困指标中农业纯收入贡献最大，外出务工收入以及其他工资性收入对贫困的影响越来越大，且农村非农化倾向越来越明显，直接导致农村家庭规模减小，其中

---

① Gustafsson B., Ding S., "Temporary and Persistent Poverty among Ethnic Minorities and the Majority in Rural China", *Review of Income and Wealth*, Vol.55, No.1, 2009.

突出作用的因素是农村受教育程度的提高，进一步降低了贫困发生率以及减轻了家庭贫困的程度（李实等，1996）。

基于上述分析，有关我国农村的跨代贫困问题研究仍然较少，已有研究大多基于传统的研究视角分析贫困发生率或贫困发生深度。但目前学者们对贫困代际传递的基本概念基本上达成共识，即在同一家庭里，家庭贫困的状况以及导致贫困的相关因素由父母传递给子代，促使子代在成年后继续延续父母贫困的境况，继承的这些贫困及其相关不利因素，子代会进一步传递给自己的后代，进而形成贫困相关的循环遗传链。关于我国代际传递问题的研究仍有许多值得继续探讨的问题，但国内研究多局限于对贫困代际传递理论进行分析，着眼于对国外贫困代际传递理论和相关研究的结论进行综述与分析（张兵，2008；王爱君和肖晓荣，2009；祝建华，2016；马文武等，2018）。然而，这些研究忽视了贫困群体的动态变化和分布，已有研究大多停留在一些横截面数据上，关注静态意义上贫困发生率及其导致贫困的相关因素，缺乏关注贫困背后所隐含的收入流动性问题。倘若将研究视角扩展到一年以上或两代，甚至三代间，或许会发现上一年贫困的个体，下一年度不一定会贫困，父代贫困其子女也不一定贫困，导致这一现象最重要的原因是在不同年度或同一家庭里不同辈分人们的收入地位会出现流动。

综上所述，已有贫困代际传递的研究着重于贫困代际传递理论的综述分析以及探究导致贫困代际传递发生的原因，显然贫困代际传递相关研究需要进一步深化。以往研究大多从传统的贫困发生率、贫困发生深度等静态指标来测度贫困，如国内已有研究基于截面数据，依据设定的贫困标准，考察特定地区在某一时间段的整体贫困发生率、贫困程度等变动情况，鲜有关注个人或家庭的长期贫困、脱贫、返贫等动态变化。

显然，这些要素并不能全面地反映一个家庭的实际贫困状况及其变化趋势，经济学家和社会学家则开始从微观视角关注贫困的动态变化及其永久性贫困等相关问题。由此本书尝试从收入流动性视角研究贫困代际传递问题。一般来说，将贫困群体作为一个整体，只关注这个群体在某一观察时点上贫困发生率与另一时点上贫困发生率的差异，忽视了个人或家庭进入或退出贫困的动态变化及其内在机制，则无法体现出贫困长期的变化状况及其出现这些变化的原因。上述问题一方面是受限于数据的局限性，无法准确收集相关数据，导致贫困长期变动的实证分析的缺乏；另一方面是现有研究只关注到代内的贫困变动分析，比较同代个体之间贫困收入分布，缺乏关注代际间贫困的动态变化分析。跨代间贫困的动态变化不仅仅能反映出父辈的贫困变动，也能反映出同一要素对子代贫困的影响。因此，我们需要综合分析。

二、多代际收入流动性的相关研究

（一）多代际收入流动性测度的研究

流动性的概念源自于社会阶层的变动（Prais，1955）以及产业的相关集中度研究（Joskow，1960）。一般来说，流动性越高的社会意味着更公平的社会，而社会流动性是一个多维的概念，包括职业的流动性、社会阶层的流动性、教育的流动性以及地理空间上的流动性等。其中收入流动性的相关研究是得益于经济学家将流动性的相关概念带入到收入分配领域的定量分析中。本书主要是通过收入来测度农村贫困居民的流动性问题，即贫困代际传递。同一个或相同类型的家庭里代际间收入流动变化即为代际间收入流动性（Solon，1992）。

代际流动性受到经济学界的广泛关注是源自于 Becker 和 Tomes（1979）两位学者将人力资本理论和家庭经济学的分析框架有机结合起

来分析代际流动性相关问题。在此需要说明的是，经济学家与社会学家关注的视角存在差异，前者主要关注收入的代际流动性，后者则更为广泛。Solon 在 1999 版的《劳动经济学手册》① 中对代际收入流动性进行了系统性回顾，随后 Black 和 Devereux 在 2011 版的《劳动经济学手册》② 中对 Solon（1999）代际收入流动性的研究进行了补充和总结。两次系统性回顾与总结了代际收入流动性的测度、内在机制以及相关的政策研究等内容。代际收入流动性的测度是代际收入流动性相关研究早期的主要研究内容，侧重点是寻找完善的面板数据和科学的估计方法，以便提高代际收入弹性系数的估计精度。然而，代际收入弹性系数仅仅是揭示了父代收入对子代收入的影响大小，并不能反映出内在的影响机制是什么，这恰恰是研究关注的核心问题，也是相关政策制定者关注的问题。因此，随着代际收入流动性相关研究的深入，经济学家也将研究内容由代际收入流动性测度扩展到代际收入流动性内在影响机理的分析（Black 和 Devereux，2011）。

随着研究数据的更新、流动性测度方法的不断改进，在一定程度上改善了早期研究结论与现实世界存在比较大差异的问题。这也进一步推动了代际收入流动性的研究。如 Solon（1992）通过研究发现，短期收入存在波动性的特点直接导致了以短期收入替代永久性收入估算出的代际收入弹性系数会出现向下偏误的可能性。他认为出现偏误的主要原因是父代单年收入是父代永久性收入的"噪声"，基于此，若采用父代多年收入的均值，则会随着父代收入年限的增加而有效降低"噪声"，相

①　Solon G., "Intergenerational Mobility in the Labor Market", *Handbook of Labor Economics. Elsevier*, 1999.

②　Black, Sandra E., Devereux P.J., "Recent Developments in Intergenerational Mobility", *Handbook of Labor Economics*, Vol.4B, Amsterdam: Elsevier, 2011.

应的代际收入弹性系数也会增大,逐渐接近现实世界真实值。同时,随着美国经济社会的发展,出现了 PSID 和 NLS 两套长期追踪的面板数据,这也为代际收入流动性的深入研究提供了更多的可能性。综合来看,这两套数据较美国以往的调查数据而言,一是样本调研的范围扩大了,有效避免了因范围小所出现的数据同质性问题;二是个体收入变量能观测到长期而非短期的收入数据。随后学者们基于 Solon 的收入的均值法,对美国代际收入流动性进行估计,估计结果从以往的 0.2 左右上升到 0.4 左右(Björklund 和 Jäntti,1997;Mulligan,1997)。

除了上述 Solon 提出收入均值的处理方法,Zimmerman(1992)认为工具变量法也是改善代际收入弹性向下偏误的一种有效方法,他以反映父代经济地位的 Duncan 指数作为工具变量。后续其他学者也借鉴该方法估算了代际收入弹性,如父代的受教育水平为工具变量(Solon,1992);父代的职业、种族、受教育水平、居住地等相关特征变量作为工具变量①。通过对比传统估计方法和工具变量法的估计结果显示,最终代际收入弹性系数较传统方法大,与理论预期一致。但是,正如 Solon(1992)所阐述的,既能反映出实际应用中的经济意义,又能与父代收入高度相关且不与随机干扰项相关的工具变量是非常难找到的,往往选择不恰当的工具变量估计出的结果可能也会产生偏误。上述研究都是以美国为研究对象,其他国家的学者也关注到代际收入弹性的研究(Björklund 和 Jäntti,1997;Corak 和 Heisz,1999;Couch 和 Dunn,1997)。

具体来说,已有关于代际收入弹性的研究对象大多数是关注子代为男性,较少关注子代为女性的代际收入流动性。其主要原因,Solon(1999)认为是女性劳动力市场参与率低且相应经济地位也较低所导致

① Mulligan C.B., *Parental Priorities and Economic Inequality*, Chicago: University of Chicago Press, 1997.

的。部分学者认为选型婚配是导致子代为男性与女性代际收入弹性存在差异的最基本机制。选型婚配说明高收入家庭的女性一般会通过与高收入家庭的男性婚配，这也促使女性成婚以后会选择不工作或较少地参与工作，进而导致女性的收入获得较低（Raaum 等，2007）。午多后续研究也证实了选型婚配的相关结论，如 Blanden（2005）通过不同类型样本数据的不同（同居、离婚等），对比研究发现，子代受父母收入影响越大，越有利于夫妻关系的稳定。此外，较男性而言，女性的劳动供给弹性更高，这也直接促使女性的代际收入弹性更高。

（二）多代际收入流动性机制的研究

如前文所述，代际收入流动性研究的最终目标就是为促进代际间收入合理流动提供理论支持，而打开代际收入流动的内在影响机制的"黑箱"是达到最终目标的前提。因此，揭示代际收入流动内在影响机制是代际收入流动性研究的关键。然而，由于代际收入流动影响机制自身的复杂性，导致早期代际收入流动性影响机制的相关研究并不深入且较为分散。后续的相关研究逐渐丰富，如 Björklund 和 Jäntti（2009）、Black 和 Devereux（2011）分别对代际收入流动内在影响机制进行梳理，但依旧缺乏系统性。

早期学者对于代际收入流动内在影响机制的分歧点在于先天天赋和后天环境孰轻孰重的问题，前者表明子代继承了父代的基因与天赋，后者表明子代的教育、成长环境等人为因素。许多学者围绕这一分歧点，尝试各种研究方法比较了先天天赋和后天环境各自的作用机制和大小。其中主要的研究方法是通过比较父母、子女、兄弟以及邻里之间的收入相关性。如 Raaum 等（2006）利用挪威的调研数据，分别估计出了兄弟、姐妹以及邻里三类关系之间的收入相关系数为 0.2、0.15、0.05，结果比较发现后天环境没有先天天赋重要。虽然这种直接通过比较相关系数大小方式考察先天天赋和后天环境孰轻孰重的问题并不是太严谨，但是在一定程度上也反映出二者孰轻孰重的问题。再者，凭借样本的数据在很大程度上避免了子代能力的内生性问题，同时也为先天天赋和后天环境的作用分解提供了一条有效的路径，但令人遗憾的是已有研究并未对此形成一致性的结论。

正如上文所述，后天环境与先天天赋遗传对代际收入流动有着同样重要的影响。针对该问题，先是 Becker 和 Tomes（1979，1986）通过引入人力资本投资考察其在代际收入传递过程中的作用①，随后 Solon（2014）又将政府公共支出纳入到代际收入传递机制中考察其对代际收入流动的影响。Solon（2002）研究中指出："……假如国家 A 相对于国家 B 而言，具有较高的代际弹性，那么意味着国家 A 可能拥有较强的遗传性、较高人力资本投资回报率，或者说较少的主动对子代人力资本公共投资。"除了上述因素对代际收入传递的作用以外，还有许多其他因素。

1. 代际收入流动的人力资本传递途径研究

（1）教育人力资本

父代通过对子女教育投资的方式是影响代际收入传递的主要途径之一。父代收入水平的高低直接决定着直系子女的教育人力资本投资水平，进而影响直系子女未来的人力资本特征，从而导致子女的收入水平呈现出差异，这也是代际收入传递的首要机制。基于 Becker 和 Tomes（1979）以及 Loury（1981）的相关研究显示，父代自身的收入水平直接影响着父代对子代的教育投入，父代收入水平越高，则相应对子女的教育投资越多。再者，父代收入水平越高在一定程度上也意味着父代自

---

① Becker G.S., Tomes N., "Human Capital and the Rise and Fall of Families", *Journal of Labor Economics*, Vol.4, No.3, 1986.

身的受教育水平也越高，自身对教育的认知水平也较高，其对子女的教育投资越有意愿，则对子女的教育投资的效率也越高（Guryan 等，2008）。由此可知，父代主要通过自身收入水平和受教育程度两种途径影响其对子代教育的投资。此外，在已有研究中通过两种方式来避免能力对子代教育获取的影响，一是评估国家教育相应的公共支出变化对子代教育获取的影响；二是研究外在冲击所引起的父代收入变化对子代教育获取的影响，如 Morris 等（2004）基于已有的宏观追踪数据评估了国家公共支出中八个福利及其反贫困项目的影响，最终发现父代收入与相应福利公共支出共同对子女幼儿教育的作用是显著正向影响，但对子代小学及以上教育的影响并不显著。Shea（2000）的研究还发现工会会员的地位、产业和失业这三类情况对父代收入的影响并不显著的间接影响子代人力资本，但是相对于高收入家庭而言，低收入家庭的子女还是会受到这三类情况间接的微弱影响。显然，这三类情况作为工具变量在一定程度上与父代对教育投资的态度存在某种程度的相关，那么运用该方法估计的结果令人信服的程度也会受到影响。后续部分学者[1]通过分析中国农村家庭中祖代受教育程度对孙代教育的代际间影响只存在于祖代与孙代同住的情况下，他们认为这种对孙代教育显著影响的路径是社会情感，祖代通过社会情感路径对孙代教育产生影响并不是从以往经济角度出发，而是非经济的角度。文章的研究结论为传导机制——社会情感的验证提供了一种经验分析的思路，即社会情感是否是代际间联结的桥梁取决于祖孙是否共住。

从国内相关研究来看，衡量子女人力资本水平高低的主要指标就是子女自身的受教育水平，通过这一指标来分析父代对子代受教育程度的

---

① Zeng Z., Xie Y., "The Effects of Grandparents on Children's Schooling: Evidence from Rural China", *Demography*, Vol.51, No.2, 2014.

影响。魏颖（2009）、陈琳等（2012）参考这一方法分析了教育及其他种类资产的作用。部分学者也利用通径分析的研究方法，从直接影响和间接影响两条路径考察父代对子女收入的影响（郭丛斌和闵维方，2007），发现父代通过教育这一间接路径对子女收入的影响系数为0.024，其占整个影响比重的13.1%，基于此，该作者认为相对于直接作用而言，教育在父代对子女的代际收入传递中间接影响较弱。周群力和陆铭（2009）利用2003年CGSS的调查数据，关注了父代收入对子代人力资本积累的影响，研究发现高收入水平的父代个体给子代在读中小学教师拜年的概率则会越高，这在一定程度上增加了子代择校的概率，促进了子代人力资本的积累。此外，冯皓和陆铭（2009）认为高收入家庭会通过购买学区房的方式，为子女的教育提供相对优质的资源，进而提高子女人力资本积累水平。王甫勤（2010）通过将人力资本、劳动力市场及其二者的交互作用同时纳入到方程中，检验收入分配模型发现，人力资本是影响收入分配的关键要素。而邢春冰（2007）基于CHNS的面板数据进一步讨论了我国非农自顾形式的就业影响，发现代际间人力资本传递发挥了至关重要的作用。阳义南和连玉君（2015）运用结构方程模型深入分析了父代通过教育、就业、创业等路径如何影响子代的社会地位。李云森和齐豪（2011）将父辈分为父亲和母亲，研究发现我国农村父母自身的教育水平显著正向影响子女获取教育，且母亲的作用更为明显。卢盛峰等（2015）根据样本中各层次水平学校的分布状况，将差异化的教育机会作为变量，研究发现社区中涵盖初中、高中以及大专等教育资源，则该社区居民的受教育程度显著高于其他社区，但遗憾的是并未探讨差异化的教育机会的分布原因。一般来说，优质教育资源越丰富的社区，社区内住房的价格理应相对较高，这也意味着父代拥有较高的收入水平，那么那些收入相对较低的父代子女将无法享受这些优质的教育资源。徐俊武和张月（2015）在以往传统代际收入传递模型的基础上引入子代的教育水平，并利用 2007 中国家庭调查数据，研究发现教育在代际收入传递过程中的作用突出，其代际收入弹性系数值下降 18%。李雅楠（2012）基于 CHNS 调研数据考察了家庭收入对子女教育的影响，研究发现子女受教育水平与家庭收入呈现出同向的变化，且是显著的正向，同时，该文还将社区收入作为工具变量，同样证实了家庭收入显著正向影响子代教育，且二者之间呈现出倒 "U" 形的关系。尽管该作者在研究中考虑了能力的相关性问题，但将社区收入作为代理变量（家庭收入）的合理性需要进一步讨论。赵颖（2016）同样考察了家庭收入对子女教育的影响，她将国企改革导致的下岗问题作为影响父母收入的外生变量，合理地避免了由父代和子代能力相关所引起的计量偏误问题，研究发现父母的下岗导致家庭可用资源的减少，进而子女的教育受到 4.3%—6.9% 的负向影响，但并未导致子女教育阶段的终止。

（2）健康人力资本

健康人力资本是人力资本的重要组成部分，一些学者将其纳入到代际收入传递过程中考察其作用机制，其对个体收入的影响已被大多数的研究所证实（Schultz 和 Tansel，1997；Mitra 等，2013）。我国学者龙翠红和王潇（2014）在估算 2009 年中国城乡居民代际收入流动性时，将居民个人的 BMI 指数作为健康的代理变量，结果显示健康导致代际收入弹性系数下降了 6.08%，且对农村的影响程度高于城市。现有文献中专门研究健康在代际收入传递过程中的作用相对较少，但由于教育与收入之间存在着密切关系，一些研究讨论了教育与健康之间的相互关系，如 Currie 和 Moretti（2003）利用美国 1979—1999 年新生儿出生数据，考察了母亲的教育水平对儿童健康的影响，结果表明母亲受教育年限每提高一年，其子女出现早产儿和体重不足的概率会相应降低 6% 和 10%。后续 Grossman（2006）通过其他方式考察母亲教育水平与新生儿健康之间的关系，研究发现母亲受教育年限每提高一年，随之新生儿出生体重将增加 220 克。另外一些研究关注到父代收入与子代新生儿健康的关系，但相关研究主要以女性群体为研究对象。

主要原因是：首先，母亲自身收入水平较高，在健康、营养以及孕期的护理方面支出受到收入的约束较少，相应的对自身及新生儿健康的投资会更多，进而对新生儿健康有着积极的影响[1]；其次，收入较高的母亲自身具有较强的健康管理意识，在孕期也会降低自身行为习惯对自己及其后代健康的消极影响，如 Black 等（2007）研究发现母亲的受教育年限每增加一年则会降低 30% 其在孕期抽烟的概率；最后女性自身收入水平较高，则会通过选型婚配等形式选择"门当户对"的男性成婚，这势必会强化上述两点方式的作用。部分学者也从非常直接的健康传递的视角研究了母亲和新生儿健康之间的关系。Akbulut 和 Kugler（2007）基于美国 NLSY1979 年的数据，选取的健康指标为身高、体重以及身体质量指数（BMI），研究发现子代健康状况主要是继承了父母的健康状况。Currie 和 Moretti（2007）利用美国加州的新生儿数据，发现相对于那些体重正常的母亲的孩子而言，体重偏轻的母亲其子女出生时体重出现偏轻的概率要高 50%。Coneus 和 Spiess（2008）利用德国社会经济追踪数据，发现无论是客观健康指标还是主观健康指标都显示父母与其子女的健康之间存在着高度的相关性。

2. 代际收入流动的职业传递途径研究

父代对子代职业获取的影响也是代际传递的主要途径。父代主要通

---

[1] Chevalier, A., Harmon, C., *Education on the Schooling*, Vol.2, No.1, 2013; Sullivan, "The Impact of Parental Income and of Their Children", *IZA Journal of Labor Economics*.

过自身职业地位影响子女的就业机会、职业类型、职业特征以及劳动力市场的回报。一方面，在不完善的劳动力市场相关制度和不充分的就业信息流动共同作用的背景下，父代凭借自身较高的职业地位与较多职业资源的优势，为子女通过非市场化的方式获取核心的就业信息，如空缺的岗位、职业特征，提高子女的就业成功率和岗位匹配度。陈钊等（2009）认为不仅体现个体劳动生产率特征能促进子女就业，而且城镇户籍、父亲受教育水平等因素也能促进子女获取优质就业机会，这些变量在克服内生性后，户籍等变量的作用更加明显。吴愈晓（2011）探讨了 1978 年至 1996 年间职业代际流动的问题，研究发现中国的职业代际流动过程中家庭背景发挥了至关重要的作用，无论家庭背景是"旧式精英"还是"新式精英"，都显著地影响非农就业机会的获取，同时他还考察了在不同类型的非农就业机会中家庭背景作用机制的差异。邱玉娜（2014）利用 2011 年 CHNS 调查数据，参照阶层线性模型，考察了父子两代之间的交互作用机制，父代自身的收入状况和工作性质通过对子代个体特征的影响，进而对子代收入产生影响。李任王等（2014）采用工具变量法，运用条件分位数和反事实分析的方法，研究发现家庭收入存在差异的家庭，其子女在受教育程度、工作单位性质以及工作经验等方面也会存在明显的差异，而且这些差异会导致不同收入水平家庭子女的收入出现显著的不同。周兴和张鹏（2014）利用我国 2006 年 CGSS 调查数据，研究发现随着子女职业生涯的逐步发展，具有城镇背景的子女其职业类型也逐步趋同于父代的职业，从事非农就业的父代农村子女继续从事农业活动的概率会大大降低，且促进农村子女的职业向上流动。此外，他还证实了非农就业的父代对子女教育投资更多，子女受教育程度越高，则促进子女职业向上流动的作用越大。陈琳（2015）发现在体制内的单位或部门工作的父母较其他单位或部门的父母对子女收入的影响更大。杨新铭和邓曲恒（2016）通过分析 2008 年对天津市家庭状况抽样调查的数据发现，父代对子女收入影响的途径是父代职业，即父代职业对子女的就业行业、单位性质、职业类型等方面影响，进而对子女的收入产生间接的影响。也有学者利用 CHNS 调研数据，分析了父母就业背景对子女就业选择的影响，研究发现体制内工作的父母与子女之间存在显著的职业代际传递现象，父母在体制内的单位或部门工作大大增加了其子女进入体制内工作的可能性，尤其是那些处于体制内单位或部门领导干部岗位的父母，其子女较一般员工的子女进入体制内工作的概率更大，且在职业发展上优势更为明显。基于以上研究可知，父辈的职业不仅有利于子女进入与父辈相应的单位工作，而且有利于子女的职业晋升，促进子女的职业发展。在我国二元劳动力市场的背景下，子代职业受父代的影响则更为突出，职业的代际传递现象尤为明显[1]。王春超和李淑贞（2017）利用人口普查数据（自 1982 年开始）和 CFPS 追踪调查数据，分析了我国同一家庭里多代间职业地位的代际影响及其变化趋势，结果表明孙代职业受到祖辈职业和父辈职业的共同影响，其影响趋势呈现出先下降后上升的"U"形变化趋势。

3. 代际收入流动的其他传递途径研究

许多学者关注代际收入流动的其他传递途径，如黄潇（2014）考察了文化资本在贫困群体代际传递过程中的作用机制，文化资本的衡量指标以家庭图书数量作为代理变量，研究发现文化资本在代际传递过程中作用并不是明显，可能的原因是文化资本的测量指标需要进一步完善，相应的数据需要进一步丰富。回顾文化资本的相关文献发现，已有研究对此研究并不深入，一方面可能是文化资本自身测量难度较大，即

---

[1] 郭丛斌、丁小浩：《中国劳动力市场分割中的行业代际效应及教育的作用》，《教育研究》2005 年第 1 期。

使用其他代理变量阐述，依旧值得进一步讨论；另一方面是已有的微观调查数据中，涉及文化资本概念的题项缺乏。

政府公共支出作为代际传递途径也受到学者们的关注。Machin（2004）在对政府教育支出的实证分析中，发现在1958—1970年随着英国高等教育公共支出的增加，降低了英国在该区间内代际收入流动性。随后Lambert等（2007）研究了20世纪70年代义务教育政策变化对英国职业流动的影响，发现该区间内英国义务教育适龄儿童年龄从12岁延长至16岁，促进了英国职业流动性的迅速提升。Mayer和Lopoo（2008）将PSID的调研微观数据与美国各州的教育相关公共支出数据结合起来，考察了政府公共支出对代际收入流动的影响，结果显示促进了贫困家庭的子女代际收入向上流动，其实质是政府公共支出弥补了低收入的家庭对子女教育投入不足的问题。我国学者韩军辉（2010）也将政府公共支出纳入到代际收入流动的模型中，分析了农村代际收入流动的现状，结果表明公共支出水平越高的省份，该省代际收入相关性则越弱。周波等（2012）则利用半参线性模型估计了我国县级教育相关公共支出对代际收入流动性的影响，结果显示随着县级教育相关公共支出的增加，代际收入弹性系数则会相应降低，从而有助于公共服务均等化的实现，促进社会公平。徐俊武等（2014）基于CHNS调查数据进一步证实了政府教育相关的公共支出能促进代际收入流动性的提高，且提高的幅度与政府教育公共支出的提高幅度是同步的，但地区经济发展水平的差异并不会影响公共支出对代际收入流动性的影响幅度。

4. 代际收入传递机制的分解

上述部分回顾了代际收入传递过程中关键的影响因素，如何将人力资本、职业、文化资本等因素从代际收入流动模型中分离出来，进一步测度每一个特定因素对代际收入弹性系数的贡献程度，是代际收入流动性相关研究的重点和难点，也是提高政策制定的针对性的理论基础部分。许多学者参照 Bowles 和 Gintis（2002）的分解方法分解两代间，首先标准化处理代际收入弹性估计方程中所涉及的变量，然后在估计方程的两边同时取子代收入的乘积，最后求其期望值即为代际收入弹性系数的各个因素的影响值。如，我国学者姚先国和赵丽秋（2006）借鉴上述方法通过三条路径分解了代际收入弹性系数，分别估计了教育、健康和社会网络三条路径各自的贡献值，且将样本区分为城乡样本和不同地区的样本。方鸣（2010）将上述路径中社会网络替换成职业形成父代教育、健康和职业三个变量，并采用同样的方法估计了父代对子女相关因素的影响，总共分解出教育、健康、职业等十二条路径，并测度了每条路径的贡献率。也有学者参考 Eriksson（2005）的"条件收入弹性"法，在代际收入流动性测度的传统模型中逐步加入子代教育、健康等变量，将加入前后弹性系数的具体值进行对比，以二者之间的差值作为所加入变量的贡献率。

综上所述，多代间代际收入传递的内在影响机制，从微观上来说基因、教育人力资本、健康人力资本、职业、家庭财富、社会情感、文化资本等，从宏观上来说政府公共支出、户籍制度、教育制度等都可能是代际传递的重要路径。通过上述回顾我们发现我国代际收入传递的相关研究在不断丰富，但大多着眼于两代间，且研究不够深入，尤其是在数据的处理、变量指标的选取和相关机制的分解方法的应用上仍未形成一致的认识，现有的微观数据库和宏观数据库需要进一步完善，研究方法也有待进一步改善。如人力资本变量以教育为主要指标来度量，职业作为社会资本度量的指标，都显得相对单一，还不够完整。代际收入传递的内在机理的相关研究中鲜有探讨父代收入如何影响子代教育、健康以及职业选择的。因此，本书认为代际收入流动影响机制的研究，不仅要从数据处理、指标选取等方面深化与拓展，而且需要拓展研究对象，将父子之间的代际影响拓展到祖代、父代和孙代三代之间代际影响研究。

（三）多代际收入流动性的实证结果

1. 代际收入弹性的估计结果

（1）两代间代际收入弹性的估计结果

国外许多学者对代际收入流动性的测度作出了诸多的贡献（Solon，2002；Blanden 等，2004；Nicoletti 和 Ermisch，2007；Björklund 和 Jäntti，2009），实证结果表明国家的代际收入流动性最大的是北欧国家，英国的代际收入流动性居中，中国和美国相对于北欧和英国最低。代际收入流动性越低，意味着代际收入弹性越高，父代对子代收入的影响则越大。具体来说，各个国家代际收入弹性的估计值大致为，美国为0.5—0.6；英国约为0.3；法国为0.4；意大利为0.5；德国、加拿大等国家的代际收入弹性的系数低于0.2（Black 和 Devereux，2011）。此外，采用区别于传统估计方法的转换矩阵估计国家的代际收入弹性，结果显示美国无论是处于高收入分位点的群体还是处于低收入分位点的群体，都显著低于北欧（挪威、芬兰等）国家的代际收入弹性，这说明美国为一个"穷人愈穷，富人愈富"的国家，而北欧则属于相对平等的国家（Jäntti 等，2006；Bratsberg 等，2007）。

国内许多学者也对我国代际收入流动性的估计进行了有益的尝试。利用我国不断丰富的微观调研数据，参照西方已有的研究方法，尝试减少我国代际收入弹性估计过程中计量偏误问题，以求获得我国代际收入弹性的准确估计值。但遗憾的是，国内已有研究并未对我国代际收入弹性系数的估计和判断形成一致的结论，甚至有些研究结论出现较大的差别。王海港（2005）利用中国社会科学院对城镇家庭收入的调查数据，估算了1988年和1995年各自代际收入弹性系数，传统的估计方法具体估计值分别为 0.384 和 0.424, 而转换矩阵的估算结果则显示代际收入流动性度量指数由 0.241 (1988 年) 降到 0.058 (1995 年), 这说明了我国城镇居民的代际收入流动性在 1988 年至 1995 年之间呈现出下降的趋势。这篇文章是首次将经济学的研究方法引入到我国代际收入流动性测度的研究中。随后姚先国和赵丽秋 (2006) 利用 CHNS 调研数据中 1989 年、1991 年、1993 年、1997 年、2000 年五年的追踪面板数据, 对比了采用父代单年收入、两年收入均值以及三年收入均值估计的代际收入弹性系数结果, 得出了我国城乡代际收入弹性系数, 分别为 0.4、0.5 和 0.7, 回应了国外学者对单年收入数据导致的估计值向下偏误的质疑, 验证了相关判断, 提高了我国代际收入弹性系数的估计精度。郭丛斌和闵维方 (2007) 利用 2004 年北京大学关于城镇居民教育与就业状况的调研数据, 估算出我国城乡居民代际收入弹性系数约为 0.32。王美今和李仲达 (2012) 借助公用数据库 CHNS 中 1989—2007 年的调研数据, 通过对年龄基准的修正后, 得到的代际收入弹性估计结果为 0.83, 基于此结果该学者认为我国代际收入流动性较低。陈琳 (2015) 在 Lefgren 等 (2012) 研究的基础上, 进一步对收入识别方法展开讨论与验证, 将传统的 OLS 估计方法和 IV 的方法进行结合, 不仅确定了父代对子代收入影响的上限, 而且基于 CHIP 的微观调研数据估计了我国代际收入弹性, 在 1990—1995 年的系数值为 0.8, 在 1998—2002 年的系数值为 0.4, 其中完全由收入导致的部分占比约为 1/3。徐晓红 (2015) 采用双样本两阶段最小二乘法, 基于 CHIP 和 CFPS 两个调研数据, 估算出了我国城乡居民 2002—2012 年的代际收入流动性变化趋势, 总体上呈现出下降, 且农村居民的代际收入传递程度低于城镇居民。王学龙和袁易明 (2015) 借助 CHNS 微观数据, 采用 Altham 指标和反事实的分析方法, 分析了处于不同年龄阶段的群体代际收入流动性之间的差异，结果表明代际收入流动性"60后"最高，"80后"居中，"70后"最低。杨亚平和施正政（2016）利用CFPS2010年的调研数据，运用IV法，基于父子单年的收入数据估算出我国代际收入弹性约为0.6左右。亓寿伟（2016）对我国代际收入弹性运用线性和非线性趋势估计模型进行估计，结果表明1949—1990年我国代际收入传递的程度在不断增强，其高峰出现在20世纪60年代和80年代，主要是我国制度变迁所引起的。然而，后续我国部分学者研究发现中国的代际收入流动性在近20年以来，代际收入流动性较低的现状并未呈现出明显改善的迹象，且子代同辈间收入差距的影响因素中父代的作用越来越明显（高艳云和王曦曝，2017；徐晓红和曹宁，2018）。

（2）多代间代际收入弹性的估计结果

关于代际流动性的实证文献取得了巨大的进步，这在很大程度上要归功于对相邻几代人的新数据和更好的数据获取。但多代间代际收入流动性研究的发展缓慢，因为要获得连接三代或更多代的数据难度较大。

Peters（1992）利用美国国家纵向调查数据来估算孙代的对数收入与父母和祖父母的对数收入之间的关系。Warren和Hauser（1997）利用美国威斯康星大学的纵向研究来评估父母和祖父母的收入、职业声望和教育对后代的职业声望或教育的影响；Halsey（1980）采用英国的数据研究三代人的教育和职业声望之间的关系；Lucas和Kerr（2013）利用芬兰的数据来估计父母和祖父母的对数收入对孙代对数收入的影响。其他估计多代间相关的研究已经得到了对祖父母地位非正常的正向系数估计，如Lindahl等（2015）对瑞典马尔姆斯的多代间流动性估计的研究。当Lindahl等将父亲和祖父的对数收入对孙代对数收入进行回归分析时，父母的系数估计是0.281（标准误差0.045），而祖父母的系数估计是0.084（标准误差0.044）。Lindahl等对三代间教育的研究得到了类似的结果。

正如我们所看到的，一些研究并没有发现祖父母"效应"的证据，一些研究又发现了这一"效应"的证据。Zeng 和 Xie（2014）做了一项有启发性的研究，利用来自中国农村的数据，他们将子女教育与父母和祖父母教育一起回归。他们的回归过程包括祖父母教育的交互作用，以及祖父母是否与子女、父母共同居住。他们的有趣发现是，"尽管非同住和已故祖父母的教育对孙代的辍学率几乎没有影响，但他们的祖父母自身教育的影响是相当大的……这些结果表明，如果祖父母都住在同一个屋檐下，祖父母可以在他们的孙代中扮演重要的角色"。Zeng 和 Xie（2014）的研究表明，"代际影响的因果过程主要发生在家庭内部，通过日常互动。因此，我们的研究再次肯定了代际影响的社会情感途径的重要性"。

Zeng 和 Xie 的研究说明两个观点。首先，正如 Mare（2011）之前所强调的，没有理由期望在所有时间和地点都有一个普遍的模式，即移动过程是或不是一阶的。例如，祖父母的角色会随着环境的变化而变化，这是有道理的。其次，它与环境的不同之处可能为识别潜在的因果过程提供了路径。

如前文所述，国外三代间流动性的相关研究较为丰富，其研究结论可分为两类，一类是祖代对孙代存在着影响，且是显著的；另一类是祖代对孙代不存在显著的影响。前者的相关研究表明，早期学者 Hodge（1966）将父代自身的特征控制后，其研究发现孙代未受到祖代的显著影响。随后 Warren 和 Hauser（1997）也进一步证实了孙代不受祖代影响的相关结论，其研究发现，无论是父系还是母系的祖代个体特征，并不会对孙代的教育和职业产生显著的影响。后续 Erola 和 Moisio（2007）研究芬兰祖代、父代和孙代之间的社会流动性，公共数据库中 1950—

2000 年的样本数据显示，控制父代社会等级变量后，祖代与孙代之间的社会等级并没有关联度，是相互独立的。Bol 和 Kalmijn（2016）利用荷兰同一家庭里三代人的微观数据，考察了祖代的教育、职业地位和文化资源通过何种路径影响孙代的教育获取以及各自的影响程度，但遗憾的是并未发现祖代对孙代存在直接的影响，其背后的影响机制也不存在。然而，Behrman 和 Taubman 利用美国双胞胎数据①，考察了同一家庭里三代间的流动性问题，具体分析了祖代教育、父代教育是如何影响孙代教育的，发现祖代对孙代存在影响，但影响系数极小且不显著。

后者许多研究结果表明同一家庭里三代及以上存在显著的代际影响。Goyder 和 Curtis（1977）考察了加拿大同一家庭里祖代、父代和孙代三代间的代际影响，研究发现三代间存在代际影响，但祖代对孙代的影响相对于父代对孙代的代际影响程度更小些。Beck（1983）对比研究了父亲的祖父母的职业和母亲的职业对孙代职业的影响，结果表明父亲的祖父母职业相对于母亲而言影响更大。由此，他认为孙代职业的影响因素父亲职业起主导作用，但孙代职业也受到其他职业来源的影响。Chan 和 Boliver（2013）考察了祖代社会阶层对孙代的影响，研究发现孙代绝对流动性和相对流动性都会受到祖代的影响，而且这种代际影响并没有孙代性别的差异。Møllegaard 和 Jæger（2015）通过考察丹麦祖代的经济、文化以及社会资本等与孙代教育的关系，发现祖代文化资本正向影响孙代教育，一个可能的原因是丹麦祖代更倾向于采用非经济资源的方式影响孙代的教育。

2. 中介变量的相关研究结果

在 Becker 和 Tomes（1979，1986）的代际收入流动理论中，父代对

---

① Behrman J. , Taubman P., "Intergenerational Earnings Mobility in the United States: Some Estimates and a Test of Becker's Intergenerational Endowments Model", *The Review of Economics and Statistics*, 1985.

子代人力资本的投资是代际流动最重要的传导机制之一，因而受到许多学者的关注。从理论上来说，父母受教育程度越高，其子女受教育程度也越高，其内在的作用机制主要包含两个方面：一方面是直接作用，首先受教育程度高的父母相应的收入会比较高，在对子代人力资本投资时受到的约束较少，子代会获得父代更多的人力资本投资；其次受教育程度高的父代可能会影响父代对于子女教育的时间分配，促进子代能力的提升；最后受教育程度高的父母更注重与子女的互动，有助于子女教育水平的提高。另一方面是间接作用，受教育程度高的父代，其子女能力一般较强，父代对其进行人力资本投资回报率越高。此外，对子女教育投入会受到教育成本、人力资本回报率、家庭信贷约束等多方面的影响。实证方面由于教育的测量并不像其他变量存在许多争议的地方，一般而言会将教育作为估算教育代际弹性和教育代际相关性的重要变量，教育的代际相关性与收入代际相关性类似，都是与代际间教育离散程度相关，但其结果显示弹性与相关性有差异。教育作为父代对子代收入影响的间接路径，郭丛斌和闵维方（2007）的研究发现教育的间接影响系数为 0.024，其占整个影响比重的 13.1%。

Hellerstein 和 Morrill（2011）以职业等级标准分析了父代与子代之间职业的相关性，发现子女与父代从事同一职业的比例，儿子约为 30%、女儿约为 20%。Ermish 和 Francesconi（2002）利用英国的微观调查数据分析发现，父亲、母亲与其子女的职业代际相关性分别为 0.4—0.75 和 0.3—0.5，且父亲、母亲与其子女之间的这种相关性并非是线性的，父代的经济地位越高，二者之间的代际弹性则越高。基于英国 BHPS 追踪面板数据，Carmichael（2000）发现父亲与儿子之间的职业相关性较强。后续学者进一步探讨了子代与父代是否供职于同一家公司，Corak 和 Piraino（2010）基于加拿大的调研数据，研究发现子女处于 30 岁左右时，男性子女与父亲供职于同家企业的比例大约为 40%，若父亲属于高收入群体时，则供职于同家公司的比例更高。这一结论与 Pérez-González（2006）有关美国的研究以及 Bennedsen 等（2007）有关丹麦的研究是一致的。我国学者王春超和李淑贞（2017）利用宏观人口普查数据和 CFPS 微观调查数据，探讨了三代间职业流动问题，结果发现祖代对孙代职业地位有着显著的影响，中国同一家庭里代际职业流动呈现出先下降后上升的变化趋势，即为 "U" 形变动方式，其主要原因是改革开放等重大制度变革共同引起的。

许多学者在探讨代际传递途径方面也取得了一些成果。如 Black 等（2009）基于挪威军队的数据，分析了父代与其子女同为 18 岁时 IQ 的关联程度，结果表明父子之间 IQ 的相关性比较强，若 18 岁的父亲 IQ 提高 10% 时，其 18 岁的子女的 IQ 分数也会对应的提高 3.2%。Björklund 等（2009）利用瑞典的数据进一步深化了 Black 等（2009）的相关研究，不仅考察父子之间的 IQ 关联程度，而且分析兄弟间的 IQ 关联程度，其结论与 Black 等人基本一致。Anger 和 Heineck（2009）采用德国的相关调研数据考察了母亲与子女、父亲与子女 IQ 的关联程度，结果对比发现母亲的相关性略高于父亲的相关性，其中父亲对儿子的影响较女儿更大，母亲正好相反。通过分析瑞典的微观数据，Grönqvist 等（2009）发现父代与子代之间认知能力与非认知能力的代际间转移相关性较强，其中父代的认知能力与非认知能力对子代的影响存在差异，前者影响子代教育，而后者则影响子代收入。Charles 和 Hurst（2003）利用美国 PSID 数据考察家庭财富的代际弹性，在控制父亲和子女的年龄前提下，父代与子代财富的代际弹性为 0.37，并且当父亲财富层级处于最低时，子女只有 2% 的可能性处于最高的两个财富层级，而当父亲的财富层级位于最高时，其子女只有 25% 的可能性跌落到最低财富层级的两个层级。

此外，我国学者姚先国等（2006）参照 Bowles 和 Ginti（2002）的方法，将代际收入传递机制分解为教育、健康和职业三个部分，其各自在总样本测算的代际收入弹性中的贡献率为教育 0.049，占总贡献率的 25.8%；健康 0.013，占总贡献率的 6.9%；职业 0.128，占总贡献率的 67.3%。孙三百等（2012）也采用同样的分解方法，分解为教育、文化资本和社会资本，结果显示教育是代际收入传递的主要路径。方鸣等（2010）则借用其他方法分解了我国代际收入弹性，结果表明子代教育贡献率为 17%、职业因素的贡献率为 30.5%。陈琳等（2012）借用 Blanden（2007）中间变量的分解方法，研究发现通过将代际收入传递机制分解为人力资本、社会资本和财富资本三个部分，其总的解释力为 60%以上，相对于人力资本和社会资本而言，财富资本的解释力度更强。陈杰等（2015）参照同样的方法，研究发现职业相对于教育而言，在代际收入传递过程中扮演的角色更重要，但二者之间的差异在不断缩小。此外，文章还考察了地区经济发展水平的差异所导致的代际收入传递机制的不同，结果表明经济相对发达的东部地区，父代收入对子代收入影响的机制主要依靠教育传递，而经济欠发达的西部地区父代收入对子代收入影响的机制则是依靠职业因素。李善乐（2017）将人力资本在代际收入传递过程中的作用分解为教育和健康（自评）两条路径，前者对代际收入传递的解释力为 17.32%，而后者只有 0.86%，说明教育在传递过程中的作用更为明显。

三、文献评述

综上所述，通过回顾已有贫困代际传递的相关研究，主要集中于探究导致贫困代际传递问题发生的原因，国内外学者从营养与健康因素、人口因素、生活环境因素、社会因素、文化因素、政治因素以及经济因

素等多方面做了详细的分析和思考。相对于欧美等国家而言，中国个体
微观层面的收入数据并不丰富，如长期工资的追踪数据相当匮乏，研究
方法、数据分析技术等也相对落后，这些因素制约着我国学者对收入流
动性的研究，也导致了我国收入流动相关研究较为缺乏。随着我国微观
调查数据的丰富，直到 2005 年才有利用微观面板数据实证研究收入流
动性的文章，即我国学者王海港（2005）发表在《经济研究》上，分
析了我国居民家庭收入变动的论文。随后，国内学术界陆续出现贫困代
际传递的相关研究，但存在以下几个问题。

　　第一，在研究内容上，国内现有研究受制于长期微观追踪数据的不
足，大多只是关注代际收入流动性的测度，如通过对比研究考察城镇和
农村收入流动性的大小，抑或是将微观数据分为几个时期，对比研究这
几个时间段的收入流动性大小。往往忽视了对代际收入流动性影响因素
及其内在作用机理的考察，由此相关研究的结论仅仅是对代际收入流动
的一般性判断。即使已有的文献考察了贫困群体的收入状况，这些研究
也多局限于静态意义上的考察，如贫困发生率的测度、影响贫困的因素
等，对贫困背后收入流动性的关注显得十分缺乏。鲜有文献讨论有关微
观个体的贫困退出或进入的动态变化状况，以及个体脱贫背后的原因，
如一些贫困群体实现了向上的收入流动，一些却陷入了"贫困陷
阱"中。

　　第二，在研究对象上，目前在考察贫困代际传递和收入流动性的相
关研究中，多是关注城镇或农村整体上的流动性，缺乏重点关注的对
象，缺少分层、分类研究，鲜有专门针对中国农村贫困居民的经验研
究。此外，在既有的相关研究中，研究对象多是从父子两代着眼，对代
际收入流动性展开研究，缺乏对我国同一家庭里多代间流动性的研究，
忽视了家庭成员中祖父母或其他家庭成员的作用。在农村家庭里高参与

度的祖代可能会给孙代带来更多影响，如孙代职业选择或职业地位（王春超和李淑贞，2017）。因此，在研究我国农村居民贫困代际传递时，不能仅仅关注同一家庭里相邻两代人的流动性，而且还要考虑同一家庭里三代甚至更高代间的关系，验证贫困的"马太效应"。

第三，在研究方法上，现有研究大多数已经克服了样本同质性偏误问题，且已经形成了一些相对成熟解决计量偏误问题的办法，为本书进一步研究贫困代际传递提供了一种可能的思路，但是在测度收入流动性的研究中，忽视了不同测度方法所导致的研究结论的异质性，从而影响了收入流动性的全面揭示和测度。此外，在对收入流动性影响因素进行分析时，内生性的控制问题略显不足。部分学者对内生性问题的解决做了许多有益的尝试，如 Adermon 等（2018）在研究财富三代间关系时，为了避免祖代与父代对孙代收入的反向影响，在对三代间财富关系进行分析过程中，选用了祖代、父代中年阶段的财富值。我国学者在研究子代的职业地位受父代职业地位影响程度时，通过选择孙代在 14 岁时父代的职业地位来解决父子之间反向因果的内生性问题（阳义南和连玉君，2015）。因此，本书将借鉴已有的研究方法，尝试引入双样本两阶段最小二乘法，解决在贫困多代际流动性测度中可能出现的内生性问题。

第四，在研究的数据上，随着我国微观数据库的不断丰富，提高了测算收入流动性的数据来源质量。不仅将某地区的数据扩展到了多层次的全国性数据，而且采用了以 CHNS 数据为代表的追踪数据，在一定程度上改善了数据的计量偏误问题。但现有数据库也存在一定的局限性，如祖代收入不全等问题，这也限制了相关经验分析的进一步深入。此外，研究数据中还存在暂时性收入偏误，祖代、父代、孙代数据同住偏误等问题。因此，本书将收集更多的数据进行比较分析，为贫困代际传递的研究提供数据支持。

第五，在代际流动内在机理研究上，挖掘流动背后的影响因素和作用机制是代际流动相关研究的核心内容，而代际间的弹性测算只是代际流动问题研究的起点。无论是现有文献中关于基因和后天环境的讨论，还是有关家庭特征、职业、教育等因素作用机制的探讨，相关研究都需要进一步的挖掘。尤其是本书的研究对象是中国农村居民，近40年来处于我国经济快速发展时期，存在许多因素对代际流动产生影响，但已有的经验分析仍然较少，需要进一步挖掘贫困代际传递背后的机制，为政策的制定提供理论依据。此外，就具体的中间变量而言，大多数文献侧重于教育、健康以及培训等单一人力资本要素的考察，其研究结果并不能完全反映人力资本在收入分配过程中的作用，可能会出现人力资本单一要素的作用被高估或被低估的状况。再者，我们看到在已有两代间内在机理的研究上，对教育人力资本、健康人力资本、社会资本和城乡差异讨论较多，缺乏对三代间内在机理的讨论。因此，本书借鉴两代间传导机制的研究思路，将教育人力资本和健康人力资本列入祖代、父代和孙代三代代际影响的分析框架中，从数据处理、指标选取和影响机理方面深化和拓展，以期进一步深化对贫困代际传递的研究。

第二章　分析框架

　　为了深入研究中国农村居民贫困多代际传递的问题，本书从四个部分展开论述：第一部分是理论模型构建，在已有贫困代际传递的研究基础上，将研究对象从两代人拓展到三代人，并基于人力资本的视角构建一个涵盖祖代、父代和孙代三代人的贫困多代际传递理论模型，从理论上解释在同一家庭里贫困多代际传递的基本趋势，回答了贫困代际传递是否存在中断的问题；同时将传递机制拓展到三代间，并分解教育与健康在传递过程中的作用，形成本书贫困代际传递理论分析框架。第二部分是贫困测度，主要是对前文 CHNS 调查数据所形成的祖代、父代和孙代三代配对样本进行贫困测度，测度主样本贫困状况，进而形成本书的贫困居民样本，为下文流动性估计与机制阐述提供数据支持。第三部分是流动性估计，重点测算中国农村贫困居民代际收入流动性，揭示农村居民贫困代际传递的变化趋势，考察我国农村居民多贫困代际传递是否存在中断问题。第四部分是机制阐述，进一步挖掘贫困多代际传递机制，厘清贫困代际传递过程中教育人力资本、健康人力资本各自的作用，探索促进农村贫困居民收入向上流动的路径，为阻断贫困代际传递提供理论依据和政策建议。

　　构建本书的理论分析框架，分为三部分：一是解释人力资本对个体收入影响的明瑟方程基本模型；二是构建贫困多代际传递的理论模型，在 Becker 和 Tomes（1979）代际收入流动性理论模型基础上，推导出解释三代间代际收入流动性的理论模型，在理论上分析同一家庭里祖代、父代与孙代贫困代际传递的趋势，验证贫困代际传递是否存在中断现象；三是在第二步的基础上分解人力资本在代际收入传递过程中的作用，厘清教育与健康各自在这一过程中的作用，以解释祖代、父代的收入如何影响孙代收入。由此本书的分析框架如下。

第一节　人力资本对收入的影响

人力资本与收入之间的关系一直是劳动经济学的热点话题，劳动者以自我的初始人力资本投资来获取劳动收入，其投资的形式主要有教育、培训以及新工作等。Becker 在 1986 年[①]所说，人力资本不仅能改善劳动者的健康，提高自我的阅读能力，而且能增加劳动者的收入，让其受益终身。本节基于明瑟方程给出人力资本影响收入的基本模型。

明瑟收入方程是美国经济学家 Mincer 在 1974 年提出的，主要反映劳动力市场对教育、经验等投入要素的回报。他认为传统的收入分配理论已经无法有效揭示收入分配的一些重要问题，如个体之间收入差异的原因。由此，他认为应关注影响个体收入的因素——人力资本，一般来说，人力资本存量的高低直接决定着个体收入的高低，且为正向影响。具体来说，收入方程的一般形式如下：

$$\ln(y) = f(Sch,\ Exper,\ X,\ \varepsilon) \tag{2.1}$$

其中，$\ln(y)$ 表示对数收入，Sch 表示教育水平，$Exper$ 表示工作经

[①]　Becker G.S. & Tomes N., "Human capital and the rise and fall of families", *Journal of Labor Economics*, Vol.4, No.3, 1986.

验，X 表示除教育与经验之外的其他控制变量，如性别、婚姻、职业等，ε 表示残差项。Mincer 认为，收入在各因素边际上会随着人力资本投资的不断增加，呈现出指数型增长趋势，由此可知，人力资本对收入的贡献具有极其重要的作用。在实际运用中，一般采用明瑟方程的线性形式：

$$\ln(y) = \alpha_0 + \alpha_1 Sch + \alpha_2 Exper + \alpha_3 Exper^2 + \sum \alpha_i X + \varepsilon \qquad (2.2)$$

其中，工作经验变量 $Exper$ 的平方代表工作经验对收入的贡献存在一个极值，收入会随着工作经验到达极值后呈现出减少特征，说明收入曲线是随着年龄增加而呈现出倒 U 形的变化趋势。研究表明，一方面是由于个体在生命周期的初始阶段，接受了正规的教育，对自身进行更多的教育投资，这也促使他们初始收入低于那些没有进行教育投资的个体，甚至因为教育投资导致初始收入为负值。但随着年龄的增长，生命周期的推进，那些受过教育的个体，会因为早期的人力资本投资，促使个体收入显著提高，并且逐渐超越那些没有进行人力资本投资的个体。另一方面是工作经验、时间的积累会促使个体收入的逐渐提高，但当年龄继续增大，达到某一年龄界限时，自身的工作经验也会积累到某一极值点，这时个体的经验与劳动能力会呈现出与工作不匹配等下降趋势，人力资本折旧等因素直接导致个体收入会随着年龄的继续增长呈现出下降的趋势。因此，由于培训、教育水平、劳动力的区域流动等因素所引起人力资本模型中的生命周期收入模式的差异，学者们开始关注时间对收入的影响。

明瑟收入方程为研究人力资本对收入的影响提供了一个基本的理论框架，该框架的优点是简单明了，易操作以及可控性强，已成为研究相关问题的重要理论和实证方法。本书研究贫困多代际传递问题，采用的双样本两阶段最小二乘法估算多代际收入弹性，涉及以辅样本中个体的特征系数来估算主样本潜在祖代、父代的收入。基于此，估算辅样本个体特征系数时，涉及收入的时序问题。已有研究在分析教育的贡献，大多数以教育回报率在不同时间点所呈现出变化趋势为切入点。然而，现有计量方法的局限性，导致劳动力进入市场的不同时间点对模型的具体影响无法准确的估计，进而无法区分到底是教育质量的提升还是市场自身结果的调整，谁对教育回报率的提高作用更大。由此，在模型中，假设源自于教育市场短期性冲击发生的时间点为 t_0，对教育阶段所影响的时间长度为 T，带来的冲击的时滞为 T_s。我们进一步将数据分类，在 $t_0 + T_s$ 之前完成该阶段的教育归为一类，完成在 $t_0 + T_s + T$ 之后阶段的教育归为另一类，基于本书的教育阶段的分类，即文盲或半文盲，初等教育、中等教育以及高等教育，根据（2.2）式改进方程，将改进后的明瑟收入方程进行回归，如下：

$$\ln(y) = \alpha_0 + \alpha_1 S_1 + \alpha_2 S_2 + \alpha_3 S_3 + \alpha_4 Exper + \alpha_5 Exper^2 - \sum \alpha_i X + \varepsilon$$

$$(2.3)$$

其中，文盲或半文盲为参考组，S_1 代表接受初等教育，S_2 代表接受中等教育，S_3 代表接受高等教育，$Exper$ 代表经验，X 代表其他控制变量，如年龄、出生年代等，ε 代表随机误差项。

综合以上分析，明瑟人力资本收入模型适宜于应用求解本书辅样本估算影响个体收入的特征系数，具体来说，有以下几个方面。

第一，明瑟收入方程首次运用人力资本投资的方法研究收入分配问题，诠释了个体间收入差异的原因。在以往有关个体间收入差异影响因素的相关研究中，大多采用社会学中关注"阶级"的模型或是反映"机会"的概率论模型。明瑟收入方程将教育与在职培训进行剥离，丰富了人力资本的内涵，分别说明两个因素各自的作用及其收益率的大小，解释了个体间收入差异的原因。明瑟收入方程一方面促使人们对受教育程度的差异所引起的未来收入差别有了全新的认识；另一方面促使人们认识到缩小贫困群体和富裕群体之间收入差距最有效的方式是教育。这一研究隐含的政策含义就是，加大对人力资本的投资是提高贫困群体收入的重要途径。

第二，明瑟收入方程为分析个体收入影响因素及其测算各个因素收益率提供了一个简单明了的方法。明瑟人力资本的收入模型一方面降低了各个变量的数据获取难度，使各个变量的数据比较容易获得，且计算方法简单明了；另一方面能够反映出教育人力资本投资对收入分配的具体影响，判断不同群体、不同教育水平的收益率。同时也在一定程度上反映出在劳动力市场上教育的需求状况。

第三，明瑟人力资本的收入模型不仅能反映出教育人力资本对收入的作用大小，而且还可以作为其他人力资本（如培训、迁移等）对收入的影响程度。

第四，该方法还可以揭示年龄或时间在其中的作用，即年龄可以视为一个折旧因素，工作经验或教育年限都可以看作是时间的函数[1]。

第二节　贫困多代际传递理论模型

贫困的代际传递是贫困状态在代际间的传承与复制，其实质是考察代际间收入流动性的状况。现有国内贫困群体代际收入流动性的相关研究仅仅只关注了两代间代际收入流动性的状况，基于此，我们依据

---

[1]　朱必祥：《人力资本理论与方法》，中国经济出版社 2005 年版。

Becker 和 Tomes（1979）的代际收入流动的理论①，构建一个三代间贫困代际传递的理论模型，分析农村贫困居民多代际收入流动性。具体模型为：

假设父代收入包括两部分，消费支出和对下一代的教育投资：

$$y_{i,\ t-1} = C_{i,\ t-1} + I_{i,\ t-1} \tag{2.4}$$

其中，$y_{i,\ t-1}$ 指父代一生的收入，将其收入分为两部分：一是 $C_{i,\ t-1}$ 个人消费；二是对后代的人力资本的投资 $I_{i,\ t-1}$。

然后，子代将父代的人力资本投资转化成自身的人力资本 h_{it}，模型是：

$$h_{it} = \theta \log I_{i,\ t-1} + e_{it} \tag{2.5}$$

其中 θ 是指人力资本投资的边际产出，e_{it} 则是子代自身的人力资本禀赋。其中，禀赋是代际流动性研究中一个重要的概念。Becker 和 Tomes（1979）认为人力资本的禀赋取决于子代与其原生家庭联系的紧密程度，主要由以下几个部分构成：一是父代所拥有的家庭声誉以及社会网络关系；二是父代为子代所传承的基因性特征，如肤色、种族或能力等；三是家庭文化对子代的影响，如自我目标的设定、学习能力等。（2.5）式中当 θ 大于零时，即为人力资本投资的边际产出为正，半对数模型说明，人力资本投资遵循要素边际报酬递减的规律，呈现出边际产出递减。

由于子代自身的人力资本禀赋受到父代的遗传影响，则有

$$e_{it} = \delta + \lambda e_{i,\ t-1} + v_{i,\ t} \tag{2.6}$$

其中，δ 为常数项，e_{it} 主要指智力，来自于健康，根据实际调查中

---

① Becker G.S. & Tomes N., "An equilibrium theory of the distribution of income and intergenerational mobility", *Journal of political Economy*, Vol.87, No.6, 1979.

90%以上的贫困是健康贫困；$0 < \lambda < 1$ 是指遗传系数，$v_{i,\,t}$ 是随机误差项。

最后，子代的收入又取决于子代的人力资本，即有半对数收入函数：

$$\log y_{it} = \mu + p\,h_{it} \tag{2.7}$$

其中，μ 为其他收入，p 是指人力资本的价值。

因此，我们将（2.5）式代入（2.7）式中，可知：

$$\log y_{it} = \mu + \theta p \log I_{i,\,t-1} + p\,e_{it} \tag{2.8}$$

再把（2.4）式代入（2.8）式，可看出代际收入之间存在贫困传递的现象。如果我们再往后推一代，那么祖代和父代之间也是一个收入的代际传递。即三代之间存在贫困代际传递。

由于父代在一定的收入预算约束条件下，我们假定父代遵循理性人假设，那么父代在追求消费和人力资本投资时，会以效用最大化为目标，则有：

$$U_i = (1 - \alpha) \log C_{i,\,t-1} + \alpha \log y_{it} \tag{2.9}$$

其中，系数满足 $0 < \alpha < 1$，该系数反映父代相对于自身消费而言，对子代收入的偏好，我们假定父代已知方程（2.4）式和方程（2.8）式的所蕴含的意思及其变量之间的关系，我们进一步将（2.4）式和（2.8）式代入（2.9）式中，得到：

$$U_i = (1 - \alpha) \log(y_{i,\,t-1} - I_{i,\,t-1}) + \alpha \mu + \alpha \theta p \log I_{i,\,t-1} + \alpha p\,e_{it} \tag{2.10}$$

其中，i 代表家庭。

我们进一步求 U_i 关于教育投资 $I_{i,\,t-1}$ 的偏导：

$$\frac{\partial U_i}{\partial I_{i,\,t-1}} = \frac{-(1 - \alpha)}{y_{i,\,t-1} - I_{i,\,t-1}} + \frac{\alpha \theta p}{I_{i,\,t-1}} = 0 \tag{2.11}$$

则：

$$I_{i,\,t-1} = \left[\frac{\alpha \theta p}{1 - \alpha(1 - \theta p)} \right] y_{i,\,t-1} \tag{2.12}$$

由（2.12）式可知：$y_{i,\,t-1}$ 与 $I_{i,\,t-1}$ 成正比关系，父代的收入越高则对其子代的人力资本投资越多；α 越高，表明父代对子代关心越多，越偏好投资子代的人力资本，其值越大投资越多；θp 越高，表明父代对子代人力资本的投资回报越大，父代则越倾向于对子代的人力资本投资，即父代对子代人力资本投资与回报成正比，回报率越高，父代投资意愿越强烈，投资越多。

为了估计收入的代际流动，我们进一步将（2.12）式代入（2.8）式中，则有：

$$\log y_{it} = \mu^{*} + \theta p \log y_{i,\,t-1} + p\,e_{it} \tag{2.13}$$

$$\mu^{*} = \mu + \theta p \left[\frac{\alpha \theta p}{1 - \alpha(1 - \theta p)} \right] \tag{2.14}$$

基于文中的分析可知，由于父代自身的人力资本禀赋 $\epsilon_{i,\,t-1}$ 决定着父代自身的收入对数 $\log y_{i,\,t-1}$ 以及子代的人力资本禀赋 e_{it}。由此可知（2.13）式中 $p\,e_{it}$ 与 $\log y_{i,\,t-1}$ 存在自相关。进一步分析可知，如果在稳态的条件下，$\log y_{i,\,t}$ 和 $\log y_{i,\,t-1}$ 具有相同的方差，那么二者之间的回归系数即为相应的相关系数，换句话说，这可以度量代际收入弹性，用 β 表示。β 值可以通过（2.13）式的回归系数 θp 和（2.6）式的自相关系数 λ 的和与二者的乘积加上 1 的比值。由此，则有代际收入弹性：

$$\beta = \frac{\theta p + \lambda}{1 + \theta p \lambda} \tag{2.15}$$

由（2.15）式可知，贫困代际传递受到子代与父代之间的遗传系数 λ、人力资本投资效率 θ 和人力资本的收益率 p 的影响。具体来说：

①当父子两代遗传系数越高，即 λ 值越大，二者之间的代际收入弹性越大，父代收入对子代收入的影响越大，表明二者之间代际收入流动性越小，贫困的代际传递效应越强；

②当父代对子代人力资本的投资效率越高，即 θ 值越大，二者之间的代际收入弹性越大，父代收入对子代收入的影响越大，表明二者之间代际收入流动性越小，贫困的代际传递效应越强；

③当子代人力资本价值越高，即 p 值越大，二者之间的代际收入弹性越大，表明二者之间代际收入流动性越小，贫困的代际传递效应越强。

其中，父子两代遗传系数是一个随机因素，不受父代收入的影响，其系数的高低取决于生理因素。而子代的人力资本投资效率 θ 和人力资本的收益率 p 直接受到父代收入的影响，进而影响父子之间的代际收入弹性。父子两代收入的相关关系则是 β，Becker 和 Tomes（1979）认为二者之间的关系可以看作是父代对子代的投资倾向。

基于上文分析可知，三代间存在贫困代际传递，那么我们将等式滞后一期，可知：

$$\log y_{it} = (1 - \lambda)\mu^* + p\delta + (\theta p + \lambda)\log y_{i,\,t-1} - \theta p\lambda\log y_{i,\,t-2} + p\,v_{i,\,t}$$

$$(2.16)$$

（2.16）式是本书主要结论：y_{it} 是孙代，$y_{i,\,t-1}$ 是父代，$y_{i,\,t-2}$ 是祖代，θ、p 和 λ 都是大于 0 的话，孙代和父代之间边际收入弹性大于 0，孙代与祖代之间的边际收入弹性小于 0，表明有可能贫困不转移，即贫困代际传递祖代与孙代之间存在中断的可能性。综合上文所述，可以得出如下结论：第一，孙代收入水平是由孙代人力资本回报率以及自身人力资本水平共同决定的，孙代人力资本存量越高，则自身的收入水平越高；第二，孙代的人力资本水平又受到祖代、父代对其人力资本投资的共同影响，祖代、父代的收入水平越高，相应对孙代的人力资本投资则会越多；第三，孙代人力资本水平是由祖代、父代的人力资本投资和自身禀赋共同形成的，但本章重点是关注人力资本的作用；第四，（2.16）式理论上验证了存在贫困代际传递中断的现象，该式一方面说明了父代与孙代之间存在贫困的代际传递，另一方面也证实了祖代与孙代之间存在贫困代际传递中断的可能性。总而言之，本书将 Becker 和 Tomes（1979）代际收入流动的理论模型拓展到三代，为第五章测算中国农村贫困居民多代际收入流动性提供了理论支持。

第三节　贫困多代际传递机制分析

回顾文献发现，对于祖代、父代通过何种途径"复制"给孙代，什么原因阻断了贫困的代际传递，相关研究并未形成一致的结论，影响机制的分析也没有形成一个相对完整与规范的研究框架，其主要的原因是子代收入不仅受到父代收入的直接影响，而且父子两代各自的特征变量也会对子代收入产生间接影响（韩军辉，2010）。然而，个体特征有许多是不可预测的，这进一步增加了代际流动性内在影响机制的研究难度，由此可知，完整的分解两代人代际收入流动影响机制显然是不可能的[①]。总体来说，已有代际收入流动内在机制分析的相关研究，主要考察和分析一个或多个因素对代际收入流动的影响，归纳起来有两类分析思路：第一类，专注于某一传递机制展开分析，如子代人力资本、父代职业、子代健康等；第二类是同时将多个因素纳入分析框架中，统一将其作为父代收入和子代收入之间的中间变量，考察多重代际收入流动的内在传递机制，进而识别出各个中间变量的重要程度。此外，Becker 和 Tomes（1979）代际收入流动的理论指出人力资本是代际收入流动的内在作用机制之一，模型显示祖代、父代对孙代的人力资本进行投资，进

---

① 陈琳、袁志刚：《中国代际收入流动性的趋势与内在传递机制》，《世界经济》2012 年第 6 期。

而影响孙代人力资本的形成，并最终对孙代的收入产生影响。著名经济学家阿玛蒂亚·森研究发现，贫困个体之所以贫困，究其主要原因是个体人力资本不足、健康水平低下等共同导致创作收入能力或机会被剥夺。世界银行发布的《1990 年世界发展报告》[①] 指出，在贫困人口较多的欠发达国家中，只要注重对贫困人口的教育、医疗卫生以及营养健康等相关方面的投资，该国的反贫困工作均取得较好的成绩。这也进一步说明包含教育与健康在内的人力资本是长期反贫困的战略举措。基于此，本章将人力资本分为教育人力资本与健康人力资本，将孙代教育和孙代健康作为中间变量，考察这两个因素在贫困多代际传递过程中的作用大小。

基于上文所述，他们可以通过人力资本投资影响孙代的人力资本进而影响到孙代的收入水平，不同收入水平的祖代、父代对孙代人力资本投资是存在差异的，收入水平高的祖代、父代有助于孙代获得更多的教育资源；反之，收入低的祖代、父代则可能受到更多的投资约束，导致无法满足孙代获取最优教育水平。由此，我们进一步将人力资本投资分解为教育人力资本投资和健康人力资本投资，则有：

$$h_{i,\,t} = \theta_1 \log E_{i,\,t-1} + \theta_2 \log D_{i,\,t-1} + e_{i,\,t} \tag{2.17}$$

其中，θ 代表人力资本投资的边际产出，$E_{i,\,t-1}$ 代表对孙代教育人力资本，$D_{i,\,t-1}$ 代表孙代健康人力资本，$e_{i,\,t}$ 代表孙代自身的人力资本禀赋。

$$U_i = (1-\alpha) \log(y_{i,\,t-1} - I_{i,\,t-1}) + \alpha\mu + \alpha p\, \theta_1 \log E_{i,\,t-1} + \alpha\, \theta_2 \log D_{i,\,t-1} + \alpha p\, e_{it} \tag{2.18}$$

进一步可以换算成为：

① 世界银行：《1990 年世界发展报告》，中国财政经济出版社 1990 年版。

$$\begin{cases} \dfrac{\partial U_i}{\partial E_{i,\,t-1}} = \dfrac{-(1-\alpha)}{y_{i,\,t-1}-I_{i,\,t-1}} \cdot \dfrac{\partial I_{i,\,t-1}}{\partial E_{i,\,t-1}} + \dfrac{\alpha\theta p}{E_{i,\,t-1}} = 0 \\[3mm] \dfrac{\partial U_i}{\partial D_{i,\,t-1}} = \dfrac{-(1-\alpha)}{y_{i,\,t-1}-I_{i,\,t-1}} \cdot \dfrac{\partial I_{i,\,t-1}}{\partial D_{i,\,t-1}} + \dfrac{\alpha\theta p}{D_{i,\,t-1}} = 0 \end{cases} \quad (2.19)$$

最后，求解可知：

$$\begin{cases} E_{i,\,t-1} = \dfrac{y_{i,\,t-1}-D_{i,\,t-1}}{1+\dfrac{t(1-\partial)}{\partial p\,\theta_1}} \\[5mm] D_{i,\,t-1} = \dfrac{y_{i,\,t-1}-E_{i,\,t-1}}{1+\dfrac{(1-t)(1-\partial)}{\partial p\,\theta_2}} \end{cases} \quad (2.20)$$

基于此，为了定量估计出祖代、父代如何将"复制"给孙代，本书通过对现实的简化，假定人力资本投资包括教育投资和健康投资对贫困代际传递的影响机制，具体分析过程如下图所示。

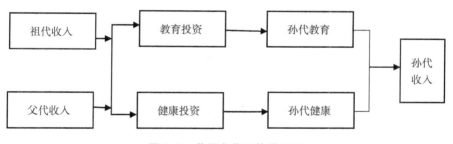

图 2-1 贫困多代际传递机制

具体来说，分为以下两个方面：

一是孙代教育。祖代、父代主要通过两个方面影响孙代的教育人力资本：一方面，通过自身的教育水平对孙代言传身教、遗传等因素影响孙代的教育人力资本的积累，这一过程主要由父代完成，同住的祖代只是起辅助作用。同时在我国农村还存在着另外一种情景，父代外出打工，祖代照顾孙代，主要负责其饮食起居、家庭教育。在此情景下，祖代在孙代教育人力资本积累过程中起主导作用，反而父代的影响较小。另一方面，是祖代、父代自身教育水平高，相应的收入水平也较高，在孙代人力资本积累上有更多的资源的投入，促使其提高人力资本积累水平。单就这一方面来说，根据第二节理论模型的推导过程可知，提高祖代、父代的收入是一种有效提升孙代人力资本投资的途径。相对于前者来说，祖代、父代收入对孙代教育人力资本的投资影响更大。因此，祖代、父代通过这两个方面影响孙代的受教育水平，从而间接影响孙代的收入水平。

二是孙代健康。祖代、父代主要通过两个方面影响孙代的健康人力资本：一方面，通过自身的健康状况对孙代遗传等因素影响孙代的教育人力资本的积累，孙代身体素质直接受到祖代、父代的影响，如身高等。另一方面，是祖代、父代自身健康状况好，相应的收入水平也较高，在孙代人力资本积累上有更多的资源投入，促使其提高人力资本积累水平。单就收入来说，根据第二节贫困多代际传递理论模型的推导过程可知，提高祖代、父代的收入是一种有效提升孙代健康人力资本投资的途径。相对于前者来说，祖代、父代收入对孙代健康人力资本的投资影响更大。祖代、父代通过这两个方面影响孙代的受教育水平，从而间接影响孙代的收入水平。

本章小结

本章首先阐述人力资本对个体收入的影响，根据本书研究方法的需要，构建了一个改进后的明瑟收入方程，该方程揭示了受教育程度、工作经验等因素对个体收入的影响，结果显示就教育而言，受教育程度越

高，收入越多；就工作经验而言，其对收入的影响呈现出随着工作经验
的积累收入会先上升后下降的一个倒 U 形变化趋势。然后基于 Becker
和 Tomes（1979）的代际收入流动性理论，构建一个贫困多代际传递的
理论模型，分析农村贫困居民多代际收入流动性以及内在传递机制。从
理论推导来看，若孙代和父代之间边际收入弹性大于 0，孙代与祖代之
间的边际收入弹性小于 0，表明有可能祖代与孙代贫困代际传递存在中
断。理论推导结果说明在同一家庭里父代与孙代之间存在贫困代际传
递，祖代与孙代存在贫困代际传递中断的可能性。因此，本章所构建的
贫困多代际传递理论模型不仅能解释贫困代际传递，而且能解释贫困代
际传递中断问题。最后，本章基于人力资本的视角分解了贫困多代际传
递机制，分析教育人力资本和健康人力资本在传递过程的中介作用，揭
示了祖代、父代收入通过对孙代人力资本的投资，进而影响孙代收入的
内在机理。本章的贡献：一是为下文双样本两阶段最小二乘法的计量方
法应用提供理论支持。该方法的核心思想是通过一定配对规则将两个数
据库进行配对，形成主样本和辅样本，本章第一部分的明瑟收入方程为
估算辅样本的祖代、父代特征系数提供了理论模型分析框架。为本书第
四章估算主样本祖代、父代的收入奠定了研究基础。二是为下文实证检
验中国农村贫困居民多代际收入流动性变化趋势，以及内在作用机制的
分解奠定了理论基础。一方面，本章通过拓展 Becker 和 Tomes（1979）
的代际收入流动理论模型，在理论上分析同一家庭里祖代、父代与孙代
贫困代际传递的趋势，验证贫困代际传递是否存在中断现象。从理论上
构建了一个三代间贫困代际传递的分析框架，为本书的第五章贫困居民
多代际收入流动性估计提供了理论支持；另一方面，本章在理论上将祖
代、父代对孙代人力资本投资分解为对孙代教育的投资和孙代健康的投
资，厘清教育与健康各自在收入流动过程中的作用，解释了祖代、父代

收入如何影响孙代收入。祖代、父代直接将个体的收入传递给子女从而增加孙代的收入水平，同时，祖代、父代还可以利用自身的收入投资于孙代的教育、健康，以增加孙代的个体人力资本积累，从而影响其收入水平，为本书第六章农村贫困居民多代际收入传递机制分析提供了理论支持。

第三章　数据描述

本章作为本书的数据基础部分，首先阐述 CHNS 和 CHIP 调查数据的基本情况，阐明两个微观数据库的适用性；其次阐述双样本两阶段最小二乘法计量方法的具体应用；再次依据计量方法的基本要求，描述主样本 CHNS 同一家庭里祖代、父代和孙代三代配对的过程，及其辅样本 CHIP 与主样本 CHNS 的祖代、父代样本的配对方法，并着重对关键变量的选择进行说明；最后对主样本中三代配对样本和辅样本进行描述性统计分析。

第一节　基本情况

本书根据研究内容和方法，主要采用了中国健康与营养调查数据（CHNS）和中国家庭收入调查（CHIP）两套数据库。

一、CHNS 数据

中国健康与营养调查数据是由美国北卡罗来纳大学人口研究中心、美国营养与食物安全研究所以及中国疾病与预防控制中心合作开展的项目，是目前有关中国调查的项目中年份最长的微观面板数据。1989—2015 年共进行了 10 次数据调查，分别是 1989 年、1991 年、1993 年、

1997 年、2000 年、2004 年、2006 年、2009 年、2011 年和 2015 年。
CHNS 数据调查 2011 年以前主要覆盖范围是湖北、河南、湖南、江苏、
山东、贵州以及广西，共 7 个省份，而其他地区或省份存在替换的现
象。辽宁省出现在 1989 年、1991 年、1993 年三个年份的调查样本中，
到了 1997 年辽宁省被替换成黑龙江省，但后续 2000 年、2004 年、2006
年、2009 年的四次调查中两个省份都涵盖了。2011 年扩展到 12 个省
份，即除了之前的 7 个省份外，还包括黑龙江、北京、重庆、辽宁和上
海，2015 年又扩展到 15 个省份，加入了陕西、云南和浙江。覆盖了主
要省份的代表性城市和直辖市。该调查采用随机多层聚类的方式抽取
7200 个家庭和 3 万多个独立的个体作为研究对象，采集这些研究对象
三个层面（个人、家庭和社区）的相关信息，主要是记录住户、个体
的人口特征、收入、教育、家庭资产、健康等情况，其中每次调查的数
据中农村家庭与城市家庭的户数比约为 1∶2。该数据作为本书的大样
本，对于研究贫困多代际传递具有重大的帮助。本书选择的是 2018 年
由中国健康与营养调查项目组最新发布的 10 次调查的追踪数据（农村
样本）。

　　选择 CHNS 调查数据基于以下考虑：首先，CHNS 调查数据具有较
长的时间跨度，始于 1989 年，目前更新至 2015 年，本书关注的是农村
居民贫困多代际传递问题，涉及三代人的数据配对，CHNS 调查数据满
足配对的基本要求。其次，CHNS 调查数据覆盖面较广，涵盖了我国东
部、中部、西部地区的农村样本，能反映出我国农村贫困居民多代际传
递的基本情况，使得农村贫困居民收入流动性的测度具有一定的代表
性。最后，CHNS 调查数据不仅能反映个体的收入、教育水平、健康状
况以及年龄等关键变量信息，而且能提供家庭与个体关系的匹配信息，
满足了完成同一家庭三代人的数据配对工作的基本要求。

二、CHIP 数据

中国家庭收入项目调查是由中国收入分配研究院课题组组织实施。目前已相继在 1989 年、1996 年、2003 年、2008 年和 2014 年开展了 5 次入户调查，主要收集住户、个体的人口特征、收入、消费、就业等有关方面情况，其中包含城镇和农村住户的调查。该数据作为本书的小样本，根据个体人口特征、职业等变量推测大样本祖代、父代的收入。本书选择的是 2016 年由北京师范大学中国收入分配研究院最新发布的 5 次调查的数据。CHIP 调查数据样本选择是根据国家统计局的常规住户调查大样本库中，基于一定的规则选取 CHIP 调查样本，一般是抽取 15 个身份的样本，并在抽取的身份中随机选取研究样本，基本上涵盖了我国不同区位、不同经济发展水平的区域，调查数据具有一定的代表性。选取 CHIP 调查数据（农村样本）基于以下考虑：一是辅样本的 CHIP 调查数据时间跨度较长，调查的初始年度为 1989 年，目前更新至 2014 年，该调查数据与 CHNS 调查数据在时间跨度上比较接近。基于此，作为辅样本的 CHIP 调查数据满足本书采用双样本两阶段最小二乘法测算农村贫困居民多代际收入流动性的应用条件。二是在 CHIP 调查数据的农村样本中，包含了收入、年龄、受教育程度、职业等关键变量的信息，满足第二章明瑟收入方程测算个体特征变量的条件。

第二节 数据处理及变量说明

一、数据处理

（一）双样本两阶段最小二乘法的应用

由于本书关注农村居民贫困多代际传递问题，即关注农村贫困居民多代际收入流动性情况，因此，本书只采用两个数据库中的农村样本。农村居民贫困多代际传递的研究首要解决的问题是贫困代际流动性水平的测算。如果拥有个体整个职业生涯的完整数据，根据计量模型 OLS 估计即可获得祖代、父代与孙代各自的代际弹性系数的估计值。但是现实中，类似的微观数据很难获得。在中国现有数据库中大多只有孙代收入以及他们报告的祖代、父代的人口特征和社会经济特征等数据，缺乏祖代、父代的直接收入数据。再者，即使同时拥有父代和孙代两代人的收入数据，也多为父代和孙代同住家庭的截面数据。采用这类数据测度多代际收入弹性，容易产生一系列的计量偏误。具体来说：

收入代际弹性测算最基本的计量模型就是父子之间对数收入的回归。公式为：

$$\log(y_t) = a + \beta \log y_{t-1} + \varepsilon \tag{3.1}$$

其中，y_t 为子代的长期收入，y_{t-1} 为父代的长期收入，ε 为残差项。系数 β 即为代际弹性（IGE），$(1 - \beta)$ 则表示代际收入流动性，根据研究经验可知，β 值范围为 $0 < \beta < 1$，其值越大，代表代际间收入流动性越低，说明子女受父母收入的影响越大，社会流动性则越差，反之亦然。此外，另一个衡量指标代际收入相关系数表示为：

$$\rho = (\sigma_{t-1} / \sigma_t) \beta \tag{3.2}$$

其中，σ_{t-1}、σ_t 分别为父代和子代各自对数收入的标准差。ρ 则为代际相关系数，表示父代、子代之间各自对数收入的离散情况，其值的区间为（0，1），而 β 不同于 ρ 的取值，它有可能大于1。一般来说，这两个指标并无优劣之分，可以同时汇报两个指标的结果。需要进一步说明的是 ρ 会受到父子两代人收入的影响，而代际收入弹性系数并不会受到子代收入的测量偏误的变化而变化，一般用来测度代际收入流动性。要想提高代际收入弹性估算的精度，取决于能否取得父子两代各自永久性收入，然而，现有数据库中能达到这一要求的极少。Solon（1992）等指出这一基本计量模型面临最主要的问题是弹性估算中永久性收入的获取。在早期的经验分析中，永久性收入一般被学者用单年收入替代，这一方法导致估计结果被低估 40%—60%[1]。由此，当父代的收入存在测量误差并不是永久性收入时，那么 β 的估计值也不会是无偏的。这一问题受到许多学者的关注，就如何提高代际收入弹性估计值的准确度，学者们一般从两个方面进行改进：一是通过多年收入的均值代表永久性收入来改善暂时性收入所引起的测量误差问题；二是在测度父子之间代际收入弹性时，采用父代 40 岁左右的收入代替永久性收入，将获取更具体年龄的收入缓和暂时性收入对估计结果的冲击。在此，我们详细阐述影响代际收入流动性估计结果计量偏误的因素及其改进措施。

一是暂时性收入与代际收入流动性估计偏误。由于短期收入波动的冲击会直接影响当期收入，直接将当期收入作为永久性收入来测度代际收入流动性，其结果则会出现计量偏误。Mazumder（2005）在 Solon（1992）基础上对此进行了修正，将代际收入流动性估算公式假定为：

$$y_{0a} = y_0 + \nu_a \qquad (3.3)$$

其中，a 代表测算父代收入时的年龄，y_0 为永久性收入，ν_a 为父亲在年龄 a 时收入与永久性收入之间的差值，如果这个偏误是暂时性的偏误，当我们估计代际收入弹性时采用一年的收入数据，那么衰减因子则为：$var(y_0) / [var(y_0) + var(v)]$。那么测度的代际收入弹性与实际代际收入弹性之间的关系为：

$$\rho \lim \hat{\beta} = \left[\frac{var(y_0)}{var(y_0) + var(v)} \right] \beta \qquad (3.4)$$

① Solon G., "Intergenerational Income Mobility in the United States", *The American Economic Review*, 1992.

根据（3.4）式，将父代单年收入替换成父代 T 年收入的平均值，那么衰减因子则变为 $\dfrac{var(y_0)}{var(y_0) + var(v)/T}$，且衰减因子会随着 T 的增加而反方向变化（下降）。Mazumder（2005）采纳 Solon（1992）短期收入冲击 v 是遵循一阶自回归过程。即假设 $v_a = \delta v_{a-1} + w_a$，其中 w_a 是独立同分布的。因此，衰减因子则变为 $\dfrac{var(y_0)}{var(y_0) + \gamma var(v)/T}$，进而可知：

$$\gamma = 1 + 2\delta \left[\frac{T - (1 - \delta^T)/1 - \delta}{T(1 - \delta)} \right] \tag{3.5}$$

基于以上分析，当 $\delta > 0$ 时，只要 T 满足大于 1，那么衰减因子都要比暂时性收入所引起的偏误要小。Mazumder（2005）在特定的 y_0 和 v 值情况下，他将父代永久性收入采用父代 5 年收入的平均值替代，研究发现当 $\delta = 0.5$ 时，衰减因子为 0.69；而当 $\delta = 0$ 时，衰减因子为 0.83。假定我们需要衰减因子大于 0.9，则需要用父代 20—30 年收入的平均值。Mazumder（2005）根据美国 SIPP 数据和 SER 数据，多次对代际收入弹性的估计进行检验，发现采用年份越多的收入均值，获得代际收入弹性系数的值越准确。

二是生命周期与代际收入流动性估计偏误。根据收入的生命周期理论，收入会随着年龄呈现出先上升后下降的倒 "U" 形变化趋势。一般来说，在获取父子两代人调研数据时，父代和子代往往处于不同的职业生涯周期里，前者是职业生涯早期，后者是职业生涯末期。因此，同期父代与子辈的收入数据会造成代际收入弹性系数的估计偏误问题。Haider 和 Solon（2006）为了避免不同年龄阶段父子两代人的收入数据引起的弹性系数估计的偏误，他提出将父代与子代的收入分别表示为：

$$y_{0a} = u_a y_0 + \nu \qquad\qquad (3.6)$$

$$y_{1a} = \lambda_a y_1 + u \qquad\qquad (3.7)$$

其中，y_{0a}、y_{1a} 分别代表父代、子代年龄为 a 时的收入水平，u_a、λ_a 代表回归系数，y_0、y_1 分别代表父代、子代永久性收入，ν、u 代表随机误差项。

假定被试者的某一年收入替代终身收入的平均值，误差项彼此以及与终身收入不相关，将代际收入弹性估计的偏误值设为 θ_a，即有：

$$\theta_a = \frac{u_a var(y_0)}{u_a^2 var(y_0) + var(\nu)} \qquad\qquad (3.8)$$

当 $\lambda_a = u_a = 1$ 时，则有：

$$\theta_a = \frac{var(y_0)}{var(y_0) + var(\nu)} \qquad\qquad (3.9)$$

由（3.8）式和（3.9）式综合可知，$var(\nu)$ 的值与父代年龄相关，由此可知父代收入取值时的年龄直接决定着代际收入弹性估计偏误。部分学者认为 $var(\nu)$ 随着父代年龄的不同而发生变化，$var(\nu)$ 的最小值是父代年龄大约为 40 岁时（Baker 和 Solon，2003；Mazumder，2005）。但是如果 $\lambda_a \neq 1$，那么代际弹性系数的误差也可能是子代收入 y_1 的测量误差所引起的，而且这一偏差的大小会随着子代年龄的变化而产生变化。

生命周期偏误的出现主要是随着年龄的变化 u_a、λ_a 取不同值，即同时测处于职业生涯晚期的父代收入和处于职业生涯早期的子代收入，然后将其作为永久性收入的替代变量，那么父代收入可能会被高估，而子代的收入可能被低估。Haider 和 Solon（2006）、Böhlmark 和 Lindquist（2006）分别利用美国和瑞典的数据对 u_a 和 λ_a 进行了测度，得到了相似的结论。

综上所述，测度多代际收入弹性，容易产生一系列的计量偏误，包括以下几个方面：一是暂时性收入导致的偏误，即以某一年龄点的收入替代持续性收入所引起的内生性问题，出现代际收入弹性被低估。这是因为暂时性收入容易受短期波动的影响，β 也不是一个无偏一致的估计量，短期波动的方差大小直接决定其偏误的大小。现有的文献中尝试用父代几年的收入均值作为永久性收入的代理变量（Solon，1992），但这类方法仍然存在几年收入平均值不能代替一生的收入波动情况，代际收入弹性估计值仍然存在向下的偏误（Mazumder，2005）。另一类方法是工具变量法（IV）修正弹性偏误向下的问题。如 Duncan 指数（Zimmerman，1992）和受教育年限与职业（Björklund 和 Jäntti，1997）。但根据相关的经验研究发现，受教育程度一般正向影响个体收入，以受教育程度为工具变量会产生弹性向上的偏误，受教育程度与父代收入的相关程度决定偏误的大小，即二者相关程度越接近于 1，那么偏误则越小。同时，父代受教育程度作为工具变量，也可能影响子代的收入，也会导致向上偏误。

二是生命周期偏误，即个体处于不同的年龄阶段对个体收入的影响是不同的。如父子都处于就业状态下，父代一般处于职业生涯晚期，而子代则处于职业生涯早期。根据生命周期理论，个体收入是随着年龄的变化呈现出倒"U"形。Haider 和 Solon（2006）根据美国 HRS（健康与退休调查）数据库，测度了 821 个个体完整的职业生涯的各个年龄阶段的偏误大小，结果显示，20 多岁时估计值很小，30—40 岁之间时估计值趋近于 1，实际收入的估计偏误最小，这一年龄阶段最接近于个体的永久性收入。由此可知，一般的截面数据是无法满足父子两代在这年龄阶段的。

三是样本选择性偏误，基于第二章理论分析框架可知，多代际收入流动的理论模型是一个兼顾父母自身消费和对后代投资的效用最大化模型，在估计代际收入弹性时，大多数数据库中的父子配对样本属于父子同住情况下，并没有子代自立门户的独立观测数据，这可能出现样本选择性偏误。再者，父子同住情况下家庭共同收入的数据也很难合理分解到个人，这类问题同样会带来数据的误差。

部分学者针对上述问题，提出一些解决办法。如 Angrist 和 Krueger（1991）在工具变量法的基础上，将两个不同样本同时作为观测值，一个样本作为被解释变量和工具变量，另一个样本作为解释变量和工具变量，进而进一步提出了两样本工具变量法（TSIV）。该方法主要解决了单个样本中要么只包含子代的收入，缺乏父代的收入；要么同时有父子各自的收入，但又无法解决同住而引起共同收入无法分解的问题。Inoue 和 Solon（2010）在此基础上，提出双样本两阶段最小二乘法（TS2SLS），并与 TSIV 估计量的性质比较发现：较 TSIV 估计量而言，TS2SLS 不仅估计量更加渐进有效，而且样本抽样方式更稳健。具体来说：

假设 P_i^f 代表 I 样本中 i 家庭父代的相关特征变量，如职业、出生年代、受教育程度等，则可以将父代永久性收入通过（3.10）式表示：

$$Y_i^f = \gamma P_i^f + \varepsilon_i^f \tag{3.10}$$

如果说在 I 样本中无法观测到 Y_{it} 的值，即没有父代的收入数据，但可以观测到父代的特征变量 P_i^f 和同一家庭里子代的收入 Y_i^s 的值。假设有来自于同一总体的样本的 J，且该样本中包含父代 P^f 相关特征变量信息，那么我们可以通过 J 样本估算出（3.10）式中 γ 的估计值 $\hat{\gamma}$，即有：

$$Y_{jt}^f = \gamma P_j^f + \varepsilon_j^f + \varepsilon_{jt}^f \tag{3.11}$$

基于此，我们可以估算出样本 I 中父代的收入，进而估计出父子两代间代际收入弹性：

$$Y_{it}^c = \beta_0 + \beta(\hat{\gamma} P_i^f) + \varepsilon_{it} \tag{3.12}$$

从上述推导过程可知，双样本两阶段最小二乘法的应用具有以下几个方面的特征：一是可以通过两个相近的独立样本，利用父代的特征变量计算出父代永久性收入的估计值；二是基于两个样本估计出的父代收入与子代收入分别属于不同的独立样本，其收入也归属于不同的生命周期；三是两个样本配对"合成"的父子关系，其收入避免了同住样本所引起的偏误问题；四是该方法在一定程度上扩大了主样本的配对样本量。由此可见，双样本两阶段最小二乘法在一定程度上克服了上文中提到的三个计量偏误问题。因此，本书尝试采用双样本两阶段最小二乘法（TS2SLS）估计我国农村居民贫困多代际传递情况。

（二）祖代、父代和孙代三代样本配对

双样本两阶段最小二乘法是国际上新发展起来解决代际收入弹性估计时，数据存在缺陷且拟合优度较高的一种方法。该方法的基本思想是借用工具变量将两个独立的样本，根据一定规则"合成"祖代、父代和孙代的配对数据，分成两个阶段估计祖代、父代永久性收入及其三代间的代际收入弹性。该方法主要分四步：第一步是设定祖代、父代明瑟收入方程；第二步是基于明瑟收入方程估计出辅样本中祖代、父代各自的特征系数；第三步是根据辅样本估算出的祖代、父代特征系数、明瑟收入方程与主样本中祖代、父代的特征数据，估算出主样本中"潜在祖代、父代"的收入数据，祖代、父代和孙代处于各自生命周期里，避免了生命周期偏误；第四步是利用第三步中"潜在祖代、父代"的收入结果，估计出本书的多代际收入弹性系数，避免了同住样本问题。

本书的实证过程中，CHNS 数据库作为主样本，CHIP 作为辅样本。主样本数据的 10 次调查时间与 CHIP 数据的 5 次调查时间范围和样本区域比较接近，符合双样本两阶段最小二乘法估计的需要。主样本数据筛选过程：第一步，我们根据研究需要剔除城乡变量、家庭人口信息、收入状况以及地区变量缺失的样本。总体来看，相关信息缺失的样本占总样本的比例极低，删除后并不影响本书研究的开展。第二步，对形成的农村样本进行祖代、父代与孙代配对。将 CHNS 数据库中所有农村家庭样本的祖代（祖父）、父代（父亲）与孙代（包含孙子和孙女）的信息分离，根据家庭 ID 号和关系变量"relation"将同属于一个家庭的祖代、父代与孙代数据进行合并，生成同一家庭里三代配对样本，参考方鸣（2010）和徐晓红（2015）的研究，如果一个家庭出现多个子代，那么本书将其视为同一家庭的多次观测。第三步，划定主样本的年龄范围，根据划定的祖代、父代和孙代年龄范围，进一步筛选第一步中祖孙三代配对样本。第四步，根据异常值处理的通常做法（尹恒等，2006；王朝明和胡棋智，2008），本书删除了样本人均收入最高 1% 与最低 1% 的群体，以去除极端值的影响，形成最终的主样本。因为 CHNS 数据是一个大的面板数据，所以这样的删除处理对样本性质、精度影响不大。具体的年龄范围及其他变量见下文变量说明部分。此外，主样本区域划分是根据国家统计局的区域划分标准来划定 CHNS 调查区域。其中东部地区包括山东、江苏、辽宁；中部地区包括河南、湖北、湖南；西部地区包括广西和贵州。

辅样本数据主要是为了计算出"潜在祖代、父代"各自的收入。因此，CHIP 数据库根据主样本中设定祖代、父代的年龄范围和出生年代，分别筛选出祖代和父代样本数据，形成两个独立的祖代、父代样本，同时剔除两个样本中的异常数据。主样本和辅样本的收入口径都是个人年总收入，并以 1988 年为基期，根据消费价格指数调整到 2014 年。

二、变量说明

（1）祖代、父代和孙代。随着经济的发展和计划生育政策的推行，女性在家庭中的地位越来越高，家庭对女性的人力资本投资越来越重视，女性代际传承地位也越来越高，因此，将孙子或孙女作为孙代的研究对象。此外，由于男性在家庭收入和重大决策上占据着支配地位，我们将祖代、父代分别定义为祖父和父亲。

（2）年龄（age）。由于农村孙代劳动力市场一般较早，年龄偏低，甚至有不少未成年就进入劳动力市场，孙代低年龄段的收入可能会带来的测算误差。本书选择年龄最小要满 18 周岁的孙代劳动力，将孙代的年龄定义为 18—30 岁。祖代、父代年龄一般为孩子出生时 20—35 岁，主要有两个方面的原因：一是农村早婚早育现象比较普遍，而且还要兼顾祖代初育的年龄[1]；二是扩大样本量。由此，在父代样本中，父代的年龄区间为 $(18+20-Y_2+Y_1)$ 至 $(30+35-Y_2+Y_1)$，在祖代样本中，祖代的年龄区间为 $(18+20-Y_2+Y_1+20-Y_1+Y_0)$ 至 $(30+35-Y_2+Y_1+35-Y_1+Y_0)$，其中 Y_2 代表孙代样本年份，Y_1 代表父代样本年份，Y_0 代表祖代样本年份，祖代、父代年龄上限为劳动年龄范围[2] 64 岁内。如假定 2004 年作为 2015 年父代的收入估算样本，那么子辈在 2004 年的样本中的年龄是 7—19 岁，该年龄阶段正处于个体人力资本形成时期，其教育、健康等人力资本的投资很大程度上依赖于家庭的投资，这也是决定个人收入的关键因素。具体的年龄描述见表 3-1。

---

① 陈永平：《湖北省农村老年人口调查分析》，《社会学研究》1989 年第 4 期。
② 劳动年龄范围：16—64 岁。

表 3-1　农村祖代、父代和孙代年龄描述

孙代样本年份	2015 年	2011 年	2009 年
	（18—30 岁）	（18—30 岁）	（18—30 岁）
孙代出生年份	1985—1997 年	1981—1993 年	1979—1991 年
父代样本年份	2004 年	2000 年	1997 年
父代年龄区间	27—54 岁	27—54 岁	26—53 岁
孙代年龄区间	7—19 岁	7—19 岁	6—18 岁
祖代样本年份	1991 年	1989 年	1989 年
祖代年龄区间	34—64 岁	36—64 岁	38—64 岁
三代配对样本量	265	210	273

数据来源：作者根据样本整理。

　　如表 3-1 所示，本书仅选取了 1989 年、1991 年、1997 年、2000 年、2004 年、2009 年、2011 年和 2015 年的农村调查数据，按照以上年龄要求，对同一家庭里祖代、父代和孙代三代人进行样本配对。在同一家庭里孙代在 2015 年处于 18—30 岁，我们关注孙代处于人力资本投资的重要时期的父代收入状况，即孙代处于 6—18 岁左右学龄期父代的收入状况。根据 2015 年孙代的年龄和 CHNS 调查年份，即可推算出父代在 2004 年的年龄区间为 27—54 岁，孙代的年龄区间则为 7—19 岁，满足我们对孙代人力资本投资关键时期的假设。再者，根据第二章代际收入流动理论模型可知，代际收入流动性的测度涉及收入变量是指永久性收入，但现有数据库中无法满足条件，本章上文所述，年龄大约为 40 岁估计值偏误最小，由此根据 CHNS 调查年份，基于祖代的年龄计算公式，我们假定 CHNS 调查年份为 1991 年设为祖代样本年份，1991 年祖

代的年龄区间为 34—64 岁。同理可推导出孙代样本年份为 2011 年、2009 年，分别对应的父代、祖代各自年份及其当年的年龄区间。

（3）受教育程度（edu_i）。祖代、父代和孙代的受教育程度都能在 CHNS 和 CHIP 数据中观测到，而教育通常作为反映个体人力资本的重要指标，本书将教育作为祖代、父代收入方程的重要变量。CHNS 调查问卷中通过"你受过几年正规的学校教育？"和"你的最高教育程度是什么？"其中，前者将其定义为："未上学 = 00；1 年小学 = 11；2 年小学 = 12；3 年小学 = 13；4 年小学 = 14；5 年小学 = 15；6 年小学 = 16；1 年初中 = 21；2 年初中 = 22；3 年初中 = 23；1 年高中 = 24；2 年高中 = 25；3 年高中 = 26；1 年中专 = 27；2 年中专 = 28；3 年中专 = 29；1 年大学 = 31；2 年大学 = 32；3 年大学 = 33；4 年大学 = 34；5 年大学 = 35；6 年大学及以上 = 36"。后者将其定义为："小学毕业，初中毕业，高中毕业，中等技术学校、职业学校毕业，大专或大学毕业以及硕士及以上"。CHIP 调查问卷中受教育程度也是以两个问题来反映的："所完成的最高学历"和"受正规教育的年数"。前者将其定义为："为上过学（包括识字班等非正规的教育）、小学、初中、高中、职高/技校、中专、大专、大学本科、研究生"；后者则要求按照所完成的受教育程度的相应年数算，不包括跳级和留级年数。通过对比 CHNS 和 CHIP 数据的教育分类标准，二者对教育的定义方式无法实现对教育水平的直接对比分析。因此，本书采用虚拟变量，以文盲或半文盲为参照组，将其分为三个虚拟变量，分别为 edu_1 代表初等教育、edu_2 代表中等教育和 edu_3 代表高等教育。

（4）职业（$occu_i$）。主样本和辅样本中祖代、父代和"潜在祖代、父代"的职业都能观测到，这是一个重要的工具变量。CHNS 调查问卷中职业分类是"高级专业/技术工作者（医生、教授、律师、建筑师、工程师等），一般专业/技术工作者（助产士、护士、教师、编辑、摄影师等），管理者/行政官员/经理（厂长、政府官员、处长、司局长、行政干部及村干部等），办公室一般工作人员（秘书、办事员），农民、渔民、猎人，技术工人（领班、车间班长、工艺工人等），非技术工人（普通工人、伐木工等），军官与警官，士兵与警察，司机，服务行业人员（管家、厨师、服务员、门卫、理发师、售货员、洗衣工、保育员等），运动员、演员、演奏员，其他"共 13 类职业①；在 CHIP 调查问卷中职业定义了 51 种职业类型②。为了方便两个样本的比较分析，本书职业划分参考国家统计局、人力资源和社会保障部、国家质量监督检验检疫总局颁布新修订的 2015 年版《中华人民共和国职业分类大典》，根据劳动性质相近性将《职业分类大典》中 8 大类归为 4 类，并

---

①　CHNS 数据库的职业，1991 年样本含有小作坊主，1989 年样本含有家庭主妇和学生，本书剔除了相关样本。

②　CHIP 数据库对职业的定义如下："1. 中国共产党中央委员会和地方各级党组织负责人；2. 各民主党派和社会团体及其工作机构负责人、国家机关及其工作机构负责人；3. 事业单位负责人；4. 企业负责人；5. 科学研究人员；6. 工程技术人员；7. 农业技术人员；8. 飞机和船舶技术人员；9. 卫生专业技术人员；10. 经济、金融业务人员；11. 法律专业人员；12. 教学人员；13. 文学艺术工作人员；14. 体育工作人员；15. 新闻出版、文化工作人员；16. 宗教职业者；17. 其他专业技术人员；18. 行政办公人员；19. 安全保卫和消防人员；20. 邮政和电信业务人员；21. 其他办事人员和有关人员；22. 购销、仓储人员；23. 餐次、饭店、旅游及健身娱乐场所服务人员；24. 运输服务人员；25. 医疗卫生辅助服务人员；26. 社会服务和居民生活服务人员；27. 其他商业、服务业人员；28. 种植业、林业、畜牧业、渔业生产人员及野生动物保护人员；29. 水利设施管理养护人员；30. 其他农、林、牧、渔、水利业生产人员；31. 勘测及矿物开采/金属冶炼、轧制人员；32. 化工产品生产人员；33. 机械制造加工机电产品装配/机械设备修理人员；34. 电力设备安装、运行、检修及供电人员电子元器件与设备制造、装配、调试及维修人员；35. 橡胶和塑料制品生产人员；36. 纺织、针织、印染人员/裁剪、缝纫和皮革、毛皮制品加工制作人员；37. 粮油、食品、饮料生产加工及饲料生产加工人员；38. 烟草及其制品加工人员；39. 药品生产人员；40. 木材加工、人造板生产、木制品制作及制浆、造纸和纸制品生产加工人员；41. 建筑材料生产加工人员；42. 玻璃、陶瓷、搪瓷及其制品生产加工人员；43. 广播影视制品制作、播放及文物保护作业人员；44. 印刷人员/工艺美术品制作人员/文化教育、体育用品制作人员；45. 工程施工人员；46. 运输设备操作人员及有关人员；47. 环境监测与废物处理人员；48. 检验、计量人员；49. 其他生产、运输设备操作人员及有关人员；50. 军人；51. 不便分类的其他从业人员。"

以第八类"不便分类的其他劳动者"为参照组，设定了 $occu_1$ 代表以脑力劳动为主、$occu_2$ 代表脑力与体力劳动兼有的以及 $occu_3$ 代表以体力劳动以为主的三个职业虚拟变量。

（5）健康（BMI）。健康是个体人力资本的重要组成部分，是影响个体收入的重要因素。现有文献中健康指标的选定，主要分为三类：主观指标、客观指标和综合指标，其中主观指标是指自评的健康状况，它是一种个体对自身健康的主观判断，由于个体主观性较强，干扰因素较多，因此也受到许多学者的质疑；客观指标主要包括死亡率、患病情况（短期患病和长期患病）、营养摄入、个体测量指标（身高、体重以及身体质量指数）等；综合指标主要包括质量调整的生命年、健康良好状态指数、SF-36 健康量表等。在借鉴前人的研究基础上，根据 CHNS 数据库已有的健康指标体系选择反映个体中长期健康状况的指标：身体质量指数（BMI），作为本书衡量健康人力资本的指标。身高被认为不仅取决于父母基因的构成，而且还与成年前营养以及卫生保健有着密切关系，取决于孙代成年之前祖代、父代对孙代健康投资水平，它能反映出个体的早期营养状况和长期健康状况（Schultz, 2002）。此外，身体质量指数（BMI）是衡量个体的肥胖程度以及是否健康的指标，该指标通过主样本中个人身高和体重计算得出，BMI 计算公式是身高除以体重的平方。已有学者证实农民的劳动参与受到 BMI 所反映的健康状况的影响（Dolton 和 Xiao, 2015），结果显示 BMI 超重或肥胖会导致农民的劳动参与率降低。龙翠红和王潇（2014）利用反映个体健康水平的 BMI 指数，验证了健康是代际收入传递路径之一。进一步支持了本书选用 BMI 作为反映健康测量指标的合理性。根据 2003 年中国肥胖问题工作组制定的 BMI 标准，将我国 18 周岁以上人群 BMI 标准划定为：体重偏轻（BMI<18.5）、体重正

常（18.5≤BMI≤23.9）、体重超重（24≤BMI≤27.9）、肥胖（BMI
≥28）。本书将其简单划分为体重偏轻（BMI＜18.5）、体重正常
（18.5≤BMI≤23.9）和体重超重（BMI≥24）。本书在第六章机制分
解部分，直接采用 BMI 的值。

（6）收入（y_i）。本书收入采用是包括工资、奖金、津贴以及其他
各种现金福利在内的个人工资性年收入。具体而言，孙代收入采用
CHNS 主样本个人的工资性年收入衡量；祖代、父代各自的收入，是基
于 CHIP 调查问卷所形成的祖代、父代样本，利用双样本两阶段最小二
乘法[①]来估算出来的。CHNS 和 CHIP 两个农村样本中个人工资性年收
入是最具可比性的收入指标。此外，由于其他按家庭统计的非工资性收
入很难合理分摊到个体，本书的收入并未将其纳入指标之中。主样本和
辅样本的收入口径都是个人年总收入，并以 1988 年为基期，根据消费
价格指数调整到 2014 年。

此外，自改革开放以来，我国经济经历迅速发展时期，个体的收入
水平得到大幅提升，由此造成不同年龄阶段个体的收入分配方式存在差
异，我们参照郭建军等（2018）的做法，将出生年代（ear_{it}）作为虚拟
变量，祖代样本中以 1924—1930 年为参照组，$ear_{1,t-2}$、$ear_{2,t-2}$、$ear_{3,t-2}$
分为 1931—1940 年、1941—1950 年和 1951—1960 年三个虚拟变量；父
代样本中以 1944—1950 年为参照组，$ear_{1,t-1}$、$ear_{2,t-2}$、$ear_{3,t-1}$ 分为
1951—1960 年、1961—1970 年和 1971—1980 年三个虚拟变量；孙代样
本中以 1980—1989 年（简称 "80 后"）为参照组，设 $ear_{1,t}$ 为 1990—
1997 年（简称 "90 后"）一个虚拟变量。

---

① 由于详细的处理方法与本章第二节第一部分类似，此处不再赘述。

第三节 样本统计分析

一、主样本统计分析

(一) 三代配对样本量地区分布统计

基于上文中年龄筛选的规则,参照国家统计局经济带的划分标准①,将本文农村三代配对样本划分为东部地区、中部地区和西部地区,如表3-2所示。表3-2的统计结果也说明了三代配对样本比较具有全国代表性。

表3-2 农村三代配对样本中地区的描述统计

	东部地区	中部地区	西部地区
配对数	173	281	294

(二) 祖代、父代和孙代主要变量的描述统计

表3-3 农村祖代、父代和孙代主要特征变量描述统计

		均值	标准差	最小值	最大值	样本量
祖代	年龄	45.33	9.65	34	65	748
	出生年代	1.93	1.06	0	3	748
	教育	0.94	0.74	0	3	748
	职业	2.89	0.51	0	3	748
	BMI	21.1	2.88	16.28	29.66	748

① 东、中、西部地区划分:东部地区包括北京、天津、河北、辽宁、上海、江苏、浙江、福建、山东、广东、海南11个省(市);中部地区包括山西、吉林、黑龙江、安徽、江西、河南、湖北、湖南8个省;西部地区包括内蒙古、广西、重庆、四川、贵州、云南、西藏、陕西、甘肃、青海、宁夏、新疆12个省(自治区、直辖市)。《2017年1—3月份全国房地产开发投资和销售情况》,2017年4月17日,http://www.stats.gov.cn/tjsj/zxfb/201704/t20170417_ 1484946.html。

续表

		均值	标准差	最小值	最大值	样本量
父代	年龄	43.55	6.74	26	54	748
	出生年代	1.16	0.77	0	3	748
	教育	1.5	0.63	0	3	748
	职业	2.78	0.58	0	3	748
	BMI	22.29	3.01	15.62	34.58	748
孙代	年龄	25.37	3.51	18	30	748
	出生年代	0.22	0.41	0	1	748
	教育	2.03	0.51	0	3	748
	职业	2.58	0.66	0	3	748
	BMI	23.31	4.08	15.98	54.42	748

　　表3-3反映了农村祖代、父代和孙代三代配对样本主要特征变量的描述统计结果。从表3-3显示的结果看，祖代和父代的平均年龄为45.33和43.55，都处于40岁左右，符合上文讨论的减少生命周期偏误的要求。三代配对样本中出生年代，祖代出生年代分布较为分散，而孙代的出生年代则相对集中。三代配对样本中祖代、父代和孙代受教育程度呈现出逐代提高的特征，由祖代均值0.94提高到孙代的2.03，这说明祖代、父代对孙代的教育越来越重视，孙代获得教育的机会更多。从三代人职业均值可以看出，孙代较祖代、父代而言，从事体力劳动的减少，但孙代职业的标准差最大，说明孙代的职业多元化越来越明显。通过三代配对样本中反映祖代、父代和孙代健康指标BMI的统计结果可以看出，孙代较祖代和父代而言，BMI均值最大，总体来说孙代营养摄入更为丰富，身体健康状况优于祖代和父代，但孙代标准差较祖代、父代大，可能的原因：一是祖代和父代都是男性样本，本身差异较小；二是孙代样本中包含男性和女性，且区域间营养摄入也存在差异。

表3-4　农村祖代、父代和孙子主要特征变量描述统计

		均值	标准差	最小值	最大值	样本量
祖代	年龄	45.93	9.8	34	65	345
	出生年代	1.88	1.07	0	3	345
	教育	0.91	0.73	0	3	345
	职业	2.78	0.81	0	3	345
	BMI	21.35	2.22	17.29	29.32	345
父代	年龄	43.07	6.55	26	54	345
	出生年代	1.22	0.76	0	3	345
	教育	1.54	0.63	0	3	345
	职业	2.65	0.68	0	3	345
	BMI	22.32	2.64	15.62	34.58	345
孙子	年龄	25.21	3.54	18	30	345
	出生年代	0.22	0.42	0	1	345
	教育	2.06	0.46	0	3	345
	职业	2.53	0.87	0	3	345
	BMI	24.42	4.55	15.98	54.42	345

我国农村一直存在"重男轻女"现象，为了进一步验证这一现象在多代际间是否依旧存在，本书样本分为祖代、父代和孙子三代配对样本和祖代、父代和孙女三代配对样本，样本量分别为345和403。表3-4反映了农村祖代、父代和孙子三代配对样本主要特征变量的描述统计结果。从表3-4显示的结果看，祖代和父代的平均年龄为45.93和43.07，相对于包含孙子和孙女的整体样本而言，祖代平均年龄较大，而父代平均年龄较小，但年龄仍然符合上文讨论的减少生命周期偏误的要求。孙子的三代配对样本中出生年代，祖代出生年代分布较为分散，而孙代的出生年代则相对集中，其均值和标准差的变化不大。从孙子的

三代配对样本的教育维度可以看出，相对于包含孙子和孙女的整体样本而言，三代的教育均值与标准差变化不大，但依然呈现出受教育程度逐代提高的情况。从孙子的三代配对样本的职业维度可以看出，相对于包含孙子和孙女的整体样本而言，祖代、父代和孙代的职业相对分散，尤其是孙子的职业呈现出多元化特征，但各代职业的均值差异不大。从孙子的三代配对样本的健康维度可以看出，相对于包含孙子和孙女的整体样本而言，孙子的 BMI 均值较大，且方差较大，说明身体素质优于整体样本中的孙代，但孙代男性个体身体质量指数差异较大。

表 3-5　农村祖代、父代和孙女主要特征变量描述统计

		均值	标准差	最小值	最大值	样本量
祖代	年龄	44.82	9.51	34	65	403
	出生年代	1.98	1.06	0	3	403
	教育	0.97	0.74	0	3	403
	职业	2.83	0.8	0	3	403
	BMI	21.2	2.16	16.28	29.66	403
父代	年龄	43.96	6.88	26	54	403
	出生年代	1.11	0.78	0	3	403
	教育	1.46	0.63	0	3	403
	职业	2.73	0.74	0	3	403
	BMI	22.38	2.86	15.62	31.72	403
孙女	年龄	25.51	3.47	18	30	403
	出生年代	0.22	0.41	0	1	403
	教育	2.01	0.56	0	3	403
	职业	2.61	0.58	0	3	403
	BMI	21.7	3.67	16.43	45.79	403

表3-5反映了农村祖代、父代和孙女三代配对样本主要特征变量的描述统计结果。从表3-5显示的结果看，祖代和父代的平均年龄为44.82和43.96，相对于包含孙子和孙女的整体样本而言，祖代平均年龄较小，而父代平均年龄较大，但年龄仍然符合上文讨论的减少生命周期偏误的要求。孙女的三代配对样本中出生年代，相对于包含孙子和孙女的整体样本而言，祖代出生年代均值较小，说明祖代较为年轻，且分布较为分散，但孙代均值和标准差的变化不大。从孙女的三代配对样本的教育维度可以看出，相对于包含孙子和孙女的整体样本而言，三代的教育均值与标准差变化不大，但依然呈现出受教育程度逐代提高的情况。从孙女的三代配对样本的职业维度可以看出，相对于包含孙子和孙女的整体样本而言，祖代、父代的职业相对分散，而孙女的职业则呈现出相对集中的特征，但各代职业的均值差异不大。从孙女的三代配对样本的健康变量可以看出，相对于包含孙子和孙女的整体样本而言，孙女的 BMI 均值较小，且方差较小，说明身体素质差于整体样本中孙代，且孙代女性的身体质量指数差异较小。

比较表3-4和表3-5可知，相对于孙子而言，整体上孙女的平均年龄较大；受教育程度较低，且分化明显；职业的均值偏大，但标准差相对较小，说明相对集中于体力劳动者；BMI 的均值孙女相对于孙子偏瘦，且标准差较小，有可能是男性普遍的身体质量指数优于女性的身体质量指数。相对于孙子三代配对样本而言，孙女三代配对样本中祖代平均年龄较小（44.82岁），平均受教育程度更高（0.97），职业更偏向于体力劳动者，健康状况 BMI 差异不大。父代平均年龄较大（43.96），且标准差较大（6.88），受教育程度较低，职业更偏向于体力劳动者（均值2.73），健康状况（BMI）差异不大。整体来说，孙子和孙女相应的三代配对样本的主要特征变量能反映出一定的差异性。

表3-6 农村三代配对样本中教育、职业与健康的描述统计

变 量		祖 代		父 代		孙 代	
		样本量	比例（%）	样本量	比例（%）	样本量	比例（%）
教育	文盲或半文盲	230	30.75	54	7.22	6	0.80
	基础教育	343	45.86	271	36.23	68	9.09
	中等教育	173	23.13	420	56.15	548	73.26
	高等教育	2	0.26	3	0.40	126	16.85
职业	脑力劳动者	25	3.34	43	5.75	66	8.82
	体力脑力兼有者	16	2.14	10	1.33	54	7.22
	体力劳动者	660	88.24	679	90.78	592	79.15
	不变分类的其他劳动者	47	6.28	16	2.14	36	4.81
健康	体重偏轻（BMI<18.5）	71	9.49	39	5.20	111	14.84
	体重正常（18.5≤BMI≤23.9）	599	80.08	543	72.62	486	64.97
	体重超重（BMI≥24）	78	10.43	166	22.18	151	20.19

数据来源：作者根据样本整理。

由于表3-3只是反映了样本中主要特征变量的均值情况，并不能反映出本书所关注的人力资本（教育和健康）的具体情况。本书进一步根据样本，给出了三代配对样本中祖代、父代和孙代一些主要的变量统计结果，见表3-6、表3-7。结果显示：从教育维度看，祖代受教育程度普遍较低，其中文盲或半文盲与基础教育的比例达到76.61%；父代受教育程度呈现上升趋势，文盲或半文盲的占比只有7.22%，中等教育的占比达到56.15%；孙代较祖代和父代而言，受教育程度明显提升，其中受中等教育的占比达到73.26%，受高等教育占比达到16.85%。从职业维度看，三代配对样本中相对于祖代而言，父代和孙代的职业中脑力劳动者和体力脑力兼有者占比都逐渐升高；祖代与父代主要是以体力劳动为主。从健康维度看，祖代、父代与孙代三代人整体的健康状况良

好，其中相对于祖代而言，父代与孙代体重超重的占比较大，说明整体上较祖代的营养摄入较充足，但孙代体重偏轻的比重达到14.84%，可能的原因是孙代既包含孙子和孙女，且整体上年龄较小。

表3-7　农村三代配对样本中出生年代描述统计

出生年代	祖代		出生年代	父代		出生年代	孙代	
	样本量	比例（%）		样本量	比例（%）		样本量	比例（%）
1924—1930年	110	14.71	1944—1950年	141	18.85	1980—1989年	584	73.26
1931—1940年	121	16.18	1951—1960年	375	50.14			
1941—1950年	228	30.48	1961—1970年	201	26.87	1990—1997年	164	26.74
1951—1960年	289	38.63	1971—1980年	31	4.14			

表3-7的结果显示，祖代的出生年代较为分散，占比较高的是出生在1951—1960年之间的群体，父代的出生年代较为集中，出生在1951—1960年之间的群体占比达到50.14%，孙代主要以"80后"为主，出生在1980—1989年的群体占比73.26%。

基于以上单变量的统计描述，本书进一步将教育、职业和性别等主要变量与孙代对数收入进行交叉统计分析。

表3-8　孙代收入—教育交叉统计

教育	收入	标准差
文盲或半文盲	5.30	0.49
基础教育	8.57	1.62
中等教育	9.58	1.18
高等教育	10.23	0.77

表 3-8 给出的是孙代对数收入与教育的交叉统计，其结果反映孙代受到的教育程度越高，收入越高，接受过高等教育的孙代收入最高，收入最低是文盲或半文盲的孙代；接受基础教育和中等教育的标准差都较大，说明受教育程度处于这一水平的孙代收入差异较大。

表 3-9　孙代收入—职业交叉统计

职　业	收　入	标准差
不方便分类	9.72	1.24
脑力劳动者	10.24	0.71
脑力与体力兼有者	10.16	0.45
体力劳动者	9.39	1.35

表 3-9 给出的是孙代收入与职业的交叉统计，其结果反映脑力劳动者收入最高，其次是脑力与体力兼有者，最差是体力劳动者，且体力劳动者收入的标准差最大。

表 3-10　孙代收入—性别交叉统计

性　别	收　入	标准差
男	9.74	1.20
女	9.37	1.34

表 3-10 给出的是孙代收入与性别的交叉统计，其结果反映孙子的收入高于孙女的收入，且孙女收入的标准差较大，这说明孙女的收入差异较大。

二、辅样本统计分析

表 3-11　辅样本祖代和父代主要特征变量描述统计

		均值	标准差	最小值	最大值	样本量
祖代	年龄	52.98	6.89	34	65	7038
	出生年代	2.61	0.62	0	3	7038
	教育	1.57	0.59	0	3	7038
	职业	2.42	1.03	0	3	7038
父代	年龄	41.06	7.29	26	54	17260
	出生年代	2.08	0.83	0	3	17260
	教育	1.78	0.50	0	3	17260
	职业	2.51	0.97	0	3	17260

表3-11 给出了辅样本中祖代和父代各自的主要特征变量的统计结果，从年龄变量上来看，相对表3-3中主样本的祖代和父代而言，祖代的年龄均值偏大，出生年代均值为 2.61，说明辅样本出生年代"40后"较多，受教育程度较高，职业为体力劳动者较多；父代的年龄均值偏小，出生年代均值为 2.08，说明辅样本出生年代"60后"较多，受教育程度较高，职业与主样本均值差异不大，但辅样本的职业较为分散。

本章小结

本章首先介绍 CHNS 和 CHIP 调查数据的基本情况，分别从两个调查数据的时间跨度、样本的覆盖面以及调查数据的相关信息匹配度等三个方面阐述了选择这两个公开数据库的原因。同时，还说明了 CHNS 与

CHIP 数据库匹配的原因。其次阐述双样本两阶段最小二乘法计量方法及其应用，说明了该方法在本书中的适用性。再次依据计量方法的基本要求，描述主样本 CHNS 同一家庭里祖代、父代和孙代三代配对的过程，及其辅样本 CHIP 与主样本 CHNS 的祖代、父代样本的配对方法，并详细说明了变量的选取。最后对主样本中三代配对样本和辅样本进行描述性统计分析。结果显示，祖代、父代和孙代样本的平均年龄分别为 45.33 岁、43.55 岁和 25.37 岁；三代配对主样本中祖代、父代和孙代的受教育程度呈现出逐代提高，尤其是孙代接受中等教育的比例达到 73.26%；主样本中三代职业分布也出现分化，孙代职业中脑力劳动者比例明显提高；主样本中三代健康指标反映，孙代的身体素质最好，说明祖代与父代都重视孙代的健康投入。同时，我们将孙代的收入与教育、职业、性别分别进行交叉统计分析，结果显示，受教育程度越高，收入越高；孙代职业中脑力劳动者的收入最高；孙代样本中孙子的收入高于孙女的收入。辅样本中祖代与父代的主要特征变量统计结果与三代配对主样本中差异不大。此外，通过对比孙代样本中孙子和孙女的主要变量的差异发现，相对于孙女而言，孙子平均受教育的水平较高，职业相对多元化，身体素质较好。本章作为第四章、第五章以及第六章经验分析的基础部分，为后续各章节提供了数据支撑。

第四章 农村居民贫困多代际 传递现状分析

上一章基于祖代、父代和孙代的年龄匹配出同一家庭里三代配对的样本，但本书的研究对象是农村贫困居民。基于此，本章将在上一章的三代配对样本的基础上，进一步测度该样本的贫困状态，描述我国农村居民的贫困现状，形成农村贫困居民的样本，为后续章节的经验分析提供数据支持。具体来说，首先，本章将确立农村居民贫困测度的指标，划定本书贫困线的标准；然后，在前文所形成的主、辅样本的基础上，根据第二章构建的明瑟收入方程理论模型，估算出主样本中祖代、父代的收入；最后，根据本章划定的贫困线标准，从贫困发生率和贫困代际传递比重两个维度描述主样本中祖代、父代和孙代三代配对样本的贫困现状，并形成农村贫困居民样本。

第一节 农村居民贫困测度

农村居民贫困测度是贫困多代际传递研究的基础，其主要包含两个方面的问题：一是确定贫困线，以此识别农村居民是否贫困；二是为准确反映出农村居民的贫困程度，构造相应的贫困指标。由于主样本中祖

代、父代和孙代正处于我国经济快速发展时期，有学者提出应推广相对
贫困线来测度个体的贫困状态（陈立中，2007），因此，本章的贫困线
主要包含绝对贫困线和相对贫困线。

一、确立贫困线

贫困线的确立不仅要反映出贫困的多面性，而且要力求准确、合理
反映出与政策相关人群的差异（Alkire，2014）。测量内容不仅要考虑
个体的需求、主观意愿、客观福利以及自身权利，而且要充分考虑个体
的偏好等。阿玛蒂亚·森（2004）将贫困的测量方法分为直接测量和
间接测量两类，前者是根据能力贫困理论中可行能力直接测量或测量
是否满足个体的一些基本需求和权利，而间接测量主要是关注货币度
量，内容包括收入、消费以及支出是否低于设定的贫困线。其中直接
测量如欧洲相对剥夺测量[1][2]，美国的贫困测量[3]，拉丁美洲的基本需
求测量[4]等；而间接测量则广泛应用于许多国家的官方贫困测量。具体
来说：

绝对贫困线一般采用间接测量，通常衡量的是个体是否处于绝对贫
困的状态，绝对贫困线制定的出发点就是以满足个体日常生活的基本需
求（叶初升等，2013），在特定的时间、空间以及该时期相对应的社会
经济发展阶段下，维持个体基本生存所需的所有必要支出总和。绝对贫
困线参照的标准主要分为两类：一是按照世界银行（简称"世行"）公

① Halleröd B. & Larsson D. & Gordon D.（et al.），"Relative Deprivation：A Comparative Analysis of Britain, Finland and Sweden"，*Journal of European Social Policy*，Vol.16，No.4，2006.

② Mack J. & Lansley S.，*Poor Britain*，London：Allen & Unwin，1985.

③ Mayer S.E. & Jencks C.，"Poverty and the Distribution of Material Hardship"，*Journal of Human Resources*，1989.

④ Boltvinik J.，"Poverty Measurement Methods：An Overview"，*UNDP Social Development & Poverty Elimination Divisionk*，1999.

布的贫困线，即为国际贫困线；二是各国或地区根据本国国情结合当地的满足基本生存水平的总支出而自设的贫困线，即为国内贫困线。

前者，1990 年世界银行将其设定为一天一美元，数据是基于 1985 年的购买力数据来测算的，随后世界银行于 2008 年将贫困线的标准提高到 1.25 美元/天。我国是根据最低生活所需要的卡路里食物支出总和来核定的贫困线，并将其作为农村人口是否贫困的标准和贫困发生率的指标。1985 年我国设定的贫困线是人均年收入 200 元，随着物价的波动，2009 年又将标准提升到人均年收入 1196 元，但根据美元汇率来计算的话，依旧与世界银行 1990 年设定的贫困线标准一天一美元存在差距，只有 0.56 美元/天，远远未到达 2008 年世行设定的国际贫困线每天 1.25 美元的标准。2011 年 11 月 29 日，中央扶贫开发工作会议将我国贫困标准提高到 2300 元/年（2010 年不变价）。这一标准相对于 2009 年 1196 元的标准提高了 92%，比 2010 年提高了 80%。若以 29 日当天的汇率折算，2011 年我国的贫困标准基本上达到了每天 1 美元的贫困线标准。然而，2011 年的贫困线标准与 2009 年国际贫困线标准每天 1.25 美元仍旧存在不小的差距，说明我国的贫困标准仍然较低。基于此，本书的绝对贫困线参照 2011 年 11 月 29 日，中央扶贫开发工作会议确定的新国家扶贫标准 2300 元/年（2010 年不变价）。为了便于与本书中收入数据的可比，我们将绝对贫困的标准以 1988 年为基期，依据消费物价指数调整到 2014 年，即绝对贫困的标准为 2610.14 元/年。

相对贫困随着社会经济的快速发展和信息传播便捷性和广泛性的不断提高，越来越受到人们的关注和重视，人们往往将其视为微观个体、家庭与他人的参照物，影响着人们衡量生活满意度、自身定位等，是一种在社会生活中极易被告知的相对剥夺感。国内学者一般以社会人均收入或者收入的中位数的 30% 或 50% 作为相对贫困线标准（李实等，1996；邹薇，2011）。也有学者采用社会分层的思想，认为相对贫困反映的是个体在特定的社会环境、特定的时间里，无论自身富裕程度如何，相对于其他社会成员处于一种相对贫困的状态（贾喻杰，2014）。本书主要聚焦于农村居民贫困多代际传递的研究，为了更好地呈现出祖代、父代和孙代各自样本的贫困程度变化趋势，选择三代配对样本中各自的样本，依据 Fuchs（1967）推荐的相对贫困计算方法，以有效样本中收入的中位数的 50% 作为相对贫困线。

二、农村居民贫困多代际传递的测度指标

根据本书研究的需要，基于收入贫困的测量方法，主要采用贫困发生率和贫困代际传递比重衡量农村居民贫困状况。其中贫困发生率（H）是指样本中贫困人口（q）占样本总人口（n）的比率，即有：

$$H = \frac{q}{n} \tag{4.1}$$

具体来说，绝对贫困发生率是绝对贫困人口（收入低于绝对贫困线）占总人口的比率，而相对贫困发生率是相对贫困人口（收入低于相对贫困线）占总人口的比率。

根据贫困发生率的定义可知，贫困发生率能反映出样本中贫困人口的比重，呈现出样本中的总体贫困状态，但无法反映出祖代、父代和孙代三代之间贫困的传递水平，由此本书引入贫困代际传递比重来测度农村居民贫困代际传递水平。其定义为祖代或父代的收入处于贫困的样本量除孙代仍处于贫困的样本量所得到的比值，具体来说绝对贫困代际传递比重为祖代或父代收入处于绝对贫困的样本量除孙代收入仍然处于绝对贫困的样本量的比重；相对贫困代际传递比重为祖代或父代收入处于

相对贫困的样本量除孙代收入仍然处于相对贫困的样本量的比重。

第二节　主样本的祖代、父代收入估计

一、构建祖代、父代收入方程

基于第三章可知，本节使用的数据来自 CHNS 配对而成的同一家庭的三代样本，但根据研究需要，本书采用双样本两阶段最小二乘法估算农村居民贫困多代际传递水平，祖代和父代的收入并没有直接采用 CHNS 数据库中的数据，而是参照双样本两阶段最小二乘法，以辅样本 CHIP 数据库为基础估计出祖代、父代收入模型系数，然后通过代入主样本 CHNS 中祖代和父代的特征变量数据，估算出主样本中祖代、父代的收入。因此，本节首先基于第二章明瑟收入方程的理论模型构建辅样本中"祖代""父代"的收入方程，然后基于辅样本中特征变量的系数求出主样本中祖代和父代的收入。

根据第二章明瑟收入方程的概述可知，在建立祖代、父代收入模型时，一般考虑教育、出生年代和职业三个变量（Nicoletti 和 Ermisch，2007），本章借鉴前文研究思路，同时考虑我国改革开放以来，经济快速发展的实际情况，将祖代、父代的出生年代纳入到计量方程中，以便呈现出不同年龄阶段的个体，在不同社会经济发展阶段收入水平的差异。基于第三章变量介绍，建立祖代、父代收入计量方程：

$$\ln y_{i,\,t-h} = \beta_0 + \sum_{d=1}^{3} \beta_d edu_{i,\,t-h} + \sum_{f=1}^{3} \beta_f occu_{i,\,t-h} + \sum_{j=1}^{3} \beta_j ear_{i,\,t-h} + \varepsilon_{i,\,t-h}$$

$$(4.2)$$

其中，$h=1$ 代表父代，$h=2$ 代表祖代，即有 $\ln y_{i,\,t-1}$ 为辅样本中父代的对数收入，$\ln y_{i,\,t-2}$ 为辅样本中祖代的对数收入；$edu_{i,\,t-h}$ 为祖代、父

代受教育程度的虚拟变量，以文盲或半文盲为参考组，$edu_{1, t-h}$ 代表祖代或父代接受初等教育，$edu_{2, t-h}$ 代表祖代或父代接受中等教育，$edu_{3, t-h}$ 代表祖代或父代接受高等教育；$occu_{i, t-h}$ 为祖代、父代的职业，以不便分类的工作为参照组，$occu_{1, t-h}$ 代表祖代或父代脑力劳动为主的职业，$occu_{2, t-h}$ 代表祖代或父代以脑力和体力劳动兼有的职业，$occu_{1, t-h}$ 代表祖代或父代以体力劳动为主的职业；$ear_{i, t-h}$ 代表祖代或父代的出生年代，祖代是以 1924—1930 年为参照组，$ear_{1, t-2}$、$ear_{2, t-2}$、$ear_{3, t-2}$ 分别为出生在 1931—1940 年、1941—1950 年、1951—1960 年，父代是以 1944—1950 年为参照组，$ear_{1, t-1}$、$ear_{2, t-1}$、$ear_{3, t-1}$ 分别为出生在 1951—1960 年、1961—1970 年、1971—1980 年；$\varepsilon_{i, t-h}$ 为随机误差项。

二、祖代、父代收入方程估计结果

本章依据（4.2）式，基于第三章双样本两阶段最小二乘法应用的介绍，我们对与主样本 CHNS 配对的 CHIP 辅样本中祖代样本和父代样本分别进行回归分析，得到祖代、父代收入方程估计结果，其结果如表 4-1 和表 4-2 所示。从整体上来说，本章构建计量模型的拟合优度分别为祖代 0.3971、父代 0.4519，F 统计量的值也较高，模型所估计的结果较好。此外，如表 4-1 和表 4-2 所示，模型中单个解释变量的估计结果都显著，且估计值符合实际，也反映出一定的规律。

表 4-1　辅样本祖代收入方程估计结果

变　量	系数估计值
Intercept	6.3569（0.0799）***
edu_1	0.0514（0.0375）***
edu_2	0.1630（0.0368）***

续表

变　量	系数估计值
edu_3	0.2511（0.1169）***
$occu_1$	0.3118（0.0399）***
$occu_2$	0.2003（0.0432）***
$occu_3$	0.1495（0.0299）***
ear_1	0.1998（0.0751）***
ear_2	0.6380（0.0703）***
ear_3	1.0224（0.0694）***
Adjusted R-square	0.3971
F-statistic（p-value）	395.91（0.0000）***
Observation	7038

注：括号内是系数估计量的标准误，*、** 和 *** 分别代表在10%、5%和1%的水平下显著。

　　表4-1的结果显示，辅样本中祖代教育变量显著，辅样本中祖代受教育水平越高，则个体的收入越高，接受过高等教育的祖代收入显著高于接受过中等教育和初等教育的祖代。辅样本中祖代职业变量显著，职业不同，则收入存在差异，辅样本中从事脑力劳动者收入显著高于脑力和体力兼有者以及体力劳动者，可能的原因是祖代所处的时代职业间收入差距较大。出生年代变量显著，出生年代越晚，个体收入越高。改革开放前我国经济基础比较薄弱，随着我国经济的快速发展，出生年代越晚的群体，成年后面临的就业机会和收入分配方式都存在显著的差异，出生年代越晚，个体收入越高。

表 4-2 辅样本父代收入方程估计结果

变　量	系数估计值
Intercept	8.5571（0.0461）***
edu_1	0.0819（0.0363）***
edu_2	0.0939（0.0348）***
edu_3	0.2565（0.0488）***
$occu_1$	0.3969（0.0280）***
$occu_2$	0.3016（0.0329）***
$occu_3$	0.2749（0.0223）***
ear_1	0.5054（0.0261）***
ear_2	0.9686（0.0237）***
ear_3	1.1181（0.0241）***
Adjusted R-square	0.4519
F-statistic（p-value）	988.52（0.0000）***
Observation	17260

注：括号内是系数估计量的标准误，*、** 和 *** 分别代表在10%、5%和1%的水平下显著。

表 4-2 的结果显示，辅样本中父代教育变量显著，辅样本中父代受教育水平越高，则个体的收入越高，接受过高等教育的父代收入显著高于接受过中等教育和初等教育的父代，但接受过中等教育的父代和接受过初等教育的父代对自身收入的影响系数差异不大。辅样本中父代职业变量显著，职业不同，则收入存在差异，辅样本中从事脑力劳动者收入显著高于脑力和体力兼有者以及体力劳动者，但三类职业之间的差异并不是很大，可能的原因是随着经济的发展，缩小了体力劳动、脑力劳动以及体力脑力二者兼有三者之间的收入差距。出生年代变量显著，出

生年代越晚，个体收入越高。随着我国经济的快速发展，出生年代越晚的群体，成年后面临的就业机会和收入分配方式都存在显著的差异，出生年代越晚，个体收入越高，但收入差异在减少，如出生在1951—1960年之间的父代与出生在1961—1970年的父代收入差异较大，但出生在1961—1970年的父代与出生在1971—1980年的父代收入差异较小。

总而言之，比较表4-1和表4-2可知，就教育而言，接受中等教育的祖代较接受中等教育的父代而言，中等教育对祖代收入的影响更大，这也说明祖代普遍受教育程度较低，祖代中个体受教育程度对其收入的影响大；父代中接受初等教育与中等教育对个体的收入影响差异不大，说明父代整体上受教育水平较高。就职业而言，从事以脑力劳动为主的个体收入显著性地比从事以体力劳动为主的个体高。对比祖代和父代收入方程发现，职业变量的系数估计值父代高于祖代，这说明父代对职业收入的依赖性大于祖代。就出生年代而言，无论是祖代还是父代，都呈现出出生年代越晚，收入越高的现象。

基于以上分析可知，表4-1和表4-2估计出祖代和父代收入方程符合中国劳动力市场的基本特征和各阶段经济发展的基本情况。由此，可以根据辅样本的估计结果，估计出主样本"潜在祖代"和"潜在父代"的收入。在估计出主样本祖代、父代收入后，依据上一节贫困线的划分标准，绝对贫困的标准依据2011年国家公布的贫困线以1988年为基期，依据消费物价指数调整到2014年，即绝对贫困的标准为2610.14元/年；相对贫困的标准以本章估算出主样本中祖代、父代收入以及第三章主样本的孙代收入各自收入中位数的50%作为相对贫困线。我们将主样本中祖代、父代和孙代的贫困线划分如表4-3所示。

表4-3　主样本祖代、父代和孙代贫困线的划分　（单位：元/年）

	绝对贫困线	相对贫困线
祖代	2610.14	1356.49
父代	2610.14	1972.15
孙代	2610.14	9250.58

根据表4-3可知，祖代、父代和孙代的相对贫困线呈现出增长趋势，这说明随着经济的发展，农村居民的收入水平整体上得到提升，其中孙代的收入水平相对于祖代和父代而言，得到大幅的提升。此外，表4-3结果显示，祖代和父代的相对贫困线低于绝对贫困线，可能的原因是绝对贫困线是采用2011年国家扶贫办设定而来，而相对贫困线是取决于祖代、父代样本中收入中位数的50%，只与样本所处年度以及收入有关，二者之间存在一定的收入差距。这表明有部分祖代、父代即使处于绝对贫困的群体中，但相对于这个群体而言，他们仍然可以被看作相对富裕的群体。而孙代的相对贫困线均高于绝对贫困线，也就是说即使高于绝对贫困线的居民中也可能是相对贫困阶层。

第三节　农村居民贫困现状

本章第一部分介绍农村居民贫困现状主要从两个方面考察：贫困发生率和贫困代际传递比重。前者包括绝对贫困发生率和相对贫困发生率；后者包括绝对贫困代际传递比重和相对贫困代际传递比重。根据本章第二节数据处理部分，辅样本估计出的主样本祖代和父代的收入，结合主样本中已有的孙代收入数据，本节将估算出农村居民贫困发生率和贫困代际传递比重，并讨论不同群体贫困状况的差异。

一、多代际间的农村居民贫困状况对比

表4-4　农村居民贫困发生率　　　　　（单位：%）

	绝对贫困发生率	相对贫困发生率
祖代	73.27	53.61
父代	21.39	28.88
孙代	9.36	16.31

根据表4-4的结果可知，祖代处于绝对贫困水平的发生率为73.27%，祖代处于相对贫困水平的发生率为53.61%；父代处于绝对贫困水平的发生率为21.39%，父代处于相对贫困水平的发生率为28.88%；孙代处于绝对贫困水平的发生率为9.36%，孙代处于相对贫困水平的发生率为16.31%。其中绝对贫困发生率和相对贫困发生率最高的都是祖代，最低的是孙代。从绝对贫困发生率单一指标分析，同一家庭祖代、父代和孙代的绝对贫困发生率呈现出逐代下降的趋势，且速度快，这一现象一方面说明农村居民的生活水平得到显著的提高，另一方面也印证了我国政府的扶贫工作成效显著；从相对贫困发生率单一指标分析，同一家庭祖代、父代和孙代的相对贫困发生率呈现出逐代下降的趋势，父代和孙代的相对贫困发生率均大于绝对贫困发生率，而祖代相对贫困发生率小于绝对贫困发生率，说明样本中收入具有一定的稳定性，并没有出现较大的变动幅度，父代和孙代的收入水平较祖代有明显的提升，但父代与孙代所处的同代间贫困差距明显。

表4-5　农村居民贫困代际传递比重　　　　　（单位：%）

	孙　代	
	绝对贫困代际传递比重	相对贫困代际传递比重
祖代	9.67	16.96
父代	41.87	27.31

　　根据表 4-5 的结果可知，在中国农村家庭中，当祖代处于绝对贫困水平时，则孙代仍然会处于绝对贫困水平的比重是 9.67%；当祖代处于相对贫困水平时，则孙代仍然会处于相对贫困水平的比重是 16.96%；而当父代处于绝对贫困水平时，则孙代仍然会处于绝对贫困水平的比重是 41.87%；当祖代处于相对贫困水平时，则孙代仍然会处于相对贫困水平的比重是 27.31%。从农村居民贫困代际传递的角度分析，总体而言，无论是绝对贫困代际传递还是相对贫困代际传递，孙代受父代的影响较祖代更大，这也说明了相对于祖代贫困而言，孙代摆脱贫困的可能性更大，贫困的多代际间传递现象有所改善；相对贫困的父代相对于绝对贫困的父代而言，前者孙代摆脱相对贫困难度更小。此外，无论是绝对贫困还是相对贫困，其贫困代际传递比重说明了贫困代际传递存在中断，且相对于父代与孙代而言，祖代与孙代之间的贫困代际传递中断现象更为明显。

二、不同群体的贫困状况对比

表 4-6　不同地区的农村居民贫困发生率　　　　　（单位：%）

	东　部		中　部		西　部	
	绝对贫困发生率	相对贫困发生率	绝对贫困发生率	相对贫困发生率	绝对贫困发生率	相对贫困发生率
祖代	50.46	37.03	78.41	54.63	85.86	64.80
父代	16.20	21.30	19.82	31.28	26.32	32.57
孙代	1.39	9.02	6.61	17.18	17.11	23.68

　　本部分是对主样本中不同地区之间的贫困发生率进行对比。按照东部、中部和西部三个地区作了一个统计描述，如表 4-6 所示。从绝对

贫困发生率上看，东部地区绝对贫困发生率最高为祖代 50.46%，父代次之，最低为孙代 1.39%；中部地区绝对贫困发生率最高为祖代 78.41%，父代次之，最低为孙代 6.61%；西部地区绝对贫困发生率最高为祖代 85.86%，父代次之，最低为孙代 17.11%。其中西部地区祖代、父代和孙代的绝对贫困率最高，中部地区次之，东部地区最低，绝对贫困发生率呈现出梯度递减的状况，说明地区间经济发展差距大，整体上东部地区的农村居民收入较高，农村居民中贫困人口的区域性特征比较明显。此外，中部地区和西部地区祖代和父代的绝对贫困发生率均高于三代配对样本整体上的绝对贫困发生率（见表 4-4）。王美昌等（2017）的研究结果也证实中部地区和西部地区贫困发生率都分别高于全国平均水平。

从相对贫困发生率上看，东部地区相对贫困发生率最高为祖代 37.03%，父代次之，最低为孙代 9.02%；中部地区相对贫困发生率最高为祖代 54.63%，父代次之，最低为孙代 17.18%；西部地区相对贫困发生率最高为祖代 64.80%，父代次之，最低为孙代 23.68%。其中西部地区祖代、父代和孙代的相对贫困率最高，中部地区次之，东部地区最低，相对贫困发生率呈现出梯度递减的状况，说明东部地区整体上收入水平最高，中部地区次之，西部地区最低，区域间收入水平差异较大，中西部地区的高收入人群较少，东部地区的高收入人群较多，东部地区的高收入人群拉高了三代配对样本整体上的相对贫困线标准。此外，中部地区和西部地区祖代和父代的相对贫困发生率均高于三代配对样本整体上的相对贫困发生率（见表 4-4），说明中西部地区农村贫困居民的收入水平仍然低于全国平均水平，但中西部祖孙三代样本中孙代的收入水平较祖代和父代得到大幅的提升，可以推测出孙代的生活水平得到了较大的改善。

考虑到中国农村"重男轻女"的现象比较普遍，尤其是贫困地区这一现象尤为突出，本节以孙代性别差异将主样本划分成"孙子""孙女"两个子样本，进一步研究以孙代为男性的三代配对样本和以孙代为女性的三代配对样本之间贫困状况的差异，如表4-7所示。

表4-7　农村居民贫困发生率的孙代性别差异　　　（单位:%）

	绝对贫困发生率	相对贫困发生率		绝对贫困发生率	相对贫困发生率
祖代	71.01	55.07	祖代	74.44	52.35
父代	20.57	29.28	父代	22.08	28.53
孙子	8.99	18.84	孙女	9.68	14.14

根据表4-7的结果可知，从绝对贫困发生率来看，孙代为男性的三代配对样本中，祖代处于绝对贫困水平的发生率为71.01%，父代处于绝对贫困水平的发生率为20.57%，孙子处于绝对贫困水平的发生率为8.99%；孙代为女性的三代配对样本中，祖代处于绝对贫困水平的发生率为74.44%，父代处于绝对贫困水平的发生率为22.08%，孙女处于绝对贫困水平的发生率为9.68%。对比结果发现，孙女的绝对贫困发生率高于孙子的绝对贫困发生率，说明整体上孙女的收入水平较孙子而言偏低。同理，从相对贫困发生率来看，对比结果发现，孙子的相对贫困发生率高于孙女的相对贫困发生率，说明孙代男性之间的贫富差距较孙代女性之间更大。

为了厘清孙代性别差异对多代际贫困传递的影响，本书通过统计描述分析得到相应结果，如表4-8所示。

表 4-8　农村居民贫困代际传递比重的孙代性别差异　　　（单位:%）

	孙　子		孙　女	
	绝对贫困代际传递比重	相对贫困代际传递比重	绝对贫困代际传递比重	相对贫困代际传递比重
祖代	8.61	16.32	10.67	17.06
父代	32.39	23.76	36.36	21.74

　　根据表 4-8 的结果可知，从绝对贫困代际传递比重来看，当祖代处于绝对贫困水平时，则孙子仍然会处于绝对贫困水平的比重为8.61%，而孙女仍然处于绝对贫困水平的比重为 10.67%，孙女陷入绝对贫困水平的比重较大；当父代处于绝对贫困水平时，则孙子仍然会处于绝对贫困水平的比重为 32.39%，而孙女仍然处于绝对贫困水平的比重为 36.36%，孙女陷入绝对贫困水平的比重较大。这说明无论是祖代还是父代处于绝对贫困水平时，孙女相对于孙子而言陷入绝对贫困的概率更大；无论孙代是男性还是女性，当父代处于绝对贫困水平时，较祖代处于绝对贫困状态而言，绝对贫困的代际传递比重更大，摆脱贫困的难度更大。此外，绝对贫困的代际传递比重说明了贫困代际传递存在中断，但并不存在孙代的性别差异；相对于祖代与孙女而言，祖代与孙子之间的贫困代际传递中断现象更为明显。

　　从相对贫困代际传递比重来看，当祖代处于相对贫困水平时，则孙子仍然会处于相对贫困水平的比重为 16.32%，而孙女仍然处于相对贫困水平的比重为 17.06%，孙女陷入相对贫困水平的比重较大；当父代处于相对贫困水平时，则孙子仍然会处于相对贫困水平的比重为 23.76%，而孙女仍然处于相对贫困水平的比重为 21.74%，孙子陷入相对贫困水平的比重较大。这说明相对贫困水平呈现出代际间上升趋势，相对于祖代而言，当父代处于相对贫困水平时，无论是孙子还是孙女陷入相对贫困的比重都高于祖代处于相对贫困水平的孙代（男性或女性）的比重；孙代为男性相对于孙代为女性的而言，孙代为男性的样本中，贫富差距大，且父代处于相对贫困水平时，孙子更容易陷入相对贫困。此外，相对贫困的代际传递比重说明了贫困代际传递存在中断，但并不存在孙代的性别差异。

本章小结

本章主要是描述我国农村居民的贫困现状，并形成农村贫困居民样本。首先，确立农村居民贫困测度的指标，划定本书贫困线的标准。通过确定贫困线，以此识别农村居民是否贫困，同时构建了相应的贫困指标，以此反映出农村居民的贫困程度。然后，在第三章所形成的主、辅样本的基础上，根据第二章构建的明瑟收入方程理论模型，估算出主样本中祖代、父代的收入。本章按照双样本两阶段最小二乘法的步骤，依据明瑟收入方程对辅样本（CHIP 数据）进行回归，求出辅样本祖代、父代的特征变量系数，然后将辅样本中祖代、父代的特征系数代入到三代配对的主样本（CHNS 数据）中估算出"潜在祖代""潜在父代"收入。最后，根据本章划定的贫困线标准，从贫困发生率和贫困代际传递比重两个维度描述主样本中祖代、父代和孙代三代配对样本的贫困现状，并剔除三代配对样本中祖代非贫困的样本，最终形成农村贫困居民样本。本章多层面、多指标地测算了三代配对的主样本中农村居民贫困发生率、贫困代际传递比重，并对我国农村居民贫困现状进行了描述。

结果显示：第一，人力资本对农村居民的收入有着重要的影响。基于第二章改进后的明瑟收入方程，结合研究需要，本章构建一个祖代、父代收入的计量模型。就教育而言，接受中等教育的祖代较接受中等教育的父代而言，中等教育对祖代收入的影响更大，这也说明祖代普遍受教育程度较低，祖代中个体受教育程度对其收入的影响大；父代中接受初等教育与中等教育对个体的收入影响差异不大，说明父代整体上受教育水平较高。就职业而言，从事以脑力劳动为主的个体收入显著性地比从事以体力劳动为主的个体收入高。对比祖代和父代收入方程发现，职业变量的系数估计值父代高于祖代，这说明父代对职业收入的依赖性大于祖代。就出生年代而言，无论是祖代还是父代，都呈现出出生年代越晚，收入越高的现象。

第二，我国农村居民的贫困状态受到贫困标准的影响，在绝对贫困和相对贫困标准下，三代各自的贫困动态变化并不是一致的。首先，从主样本整体上看贫困发生率，我们将其分为绝对贫困发生率和相对贫困发生率两个维度看：绝对贫困发生率，呈现出祖代、父代和孙代逐代下降的趋势，且祖代绝对贫困发生率最高，父代次之，孙代最低；相对贫困发生率也呈现出绝对贫困发生率，呈现出祖代、父代和孙代逐代下降的趋势，且祖代绝对贫困发生率最高，父代次之，孙代最低；祖代的绝对贫困发生率高于相对贫困发生率，而父代和孙代的绝对贫困发生率低于相对贫困发生率，说明我国农村居民收入水平显著增长，扶贫工作成效显著。其次，由于我国区域发展不平衡，导致区域间居民收入差异较大，因此我们将主样本划分为东部地区、中部地区和西部地区三个区域，进一步分析贫困发生率区域间差异。从绝对贫困发生率来看，西部地区祖代、父代和孙代的绝对贫困率最高，中部地区次之，东部地区最低，绝对贫困发生率呈现出梯度递减的状况，说明地区间经济发展差距大，整体上东部地区的农村居民收入较高，农村居民中贫困人口的区域性特征比较明显；中部地区和西部地区祖代和父代的绝对贫困发生率均高于三代配对样本整体上的绝对贫困发生率。从相对贫困发生率来看，西部地区祖代、父代和孙代的相对贫困率最高，中部地区次之，东部地区最低，相对贫困发生率呈现出梯度递减的状况，这说明我国经济增长过程中收入分配差距的问题仍然不可忽视，即使贫困的个体脱离了绝对贫困，但他可能仍处于相对贫困的状态，且中西部呈现出加剧的趋势。这也反映出绝对贫困在减少，低于主样本中收入中位数50%的群体的收入离这一相对贫困线的收入差距越来越大，相对贫困愈加明显，且地区间差异愈发明显。再次，对孙代的贫困代际传递水平呈现出祖代低于父代的现象。相对于祖代而言，当父代处在绝对贫困或相对贫困状态时，无论是绝对贫困的代际传递还是相对贫困的代际传递，孙代陷入绝对贫困或相对贫困状态的比重呈现出上升的趋势。最后，对孙代不同性别所形成的样本描述统计发现，从绝对贫困发生率和绝对贫困代际传递比重看，孙女相对于孙子而言陷入绝对贫困的概率更大，脱困难度更大，可能的原因是"重男轻女"传统观念的影响，促使祖代、父代对女性后代的关注不够，投入不足；从相对贫困发生率和相对贫困代际传递比重来看，父代处于相对贫困水平时，相对于孙女而言，孙子更容易陷入相对贫困状态，且孙代为男性同代中高收入人群多。此外，无论是绝对贫困还是相对贫困，其贫困代际传递比重说明了贫困代际传递存在中断，且相对于父代与孙代而言，祖代与孙代之间的贫困代际传递中断现象更为明显，但贫困代际传递的中断并不存在性别差异。

在下一章中，我们将根据本章形成的农村贫困居民的样本，通过经验分析重点测算中国农村贫困居民代际收入流动性，揭示农村居民贫困代际传递的变化趋势，考察我国农村居民多贫困代际传递是否存在中断现象。基于文献综述部分有关相对贫困的论述和本章对于农村居民贫困现状的描述，我们认为相对贫困主要是受代内的影响，其强调的是社会平均生活水平，而不同时代，不同社会环境，个体需求差异较大，且不同群体收入的中位数也存在较大差异（杨立雄和谢丹丹，2007），而本书关注的重点是贫困多代际传递问题，是一个代际间问题，即一个人总体收入分配中的位置多大程度上是由祖代、父代的位置所共同决定的。因此，后续章节只关注农村居民绝对贫困的代际传递问题。

第五章　农村居民贫困多代际流动性估计

在上一章中，本书通过 CPI 指数调整形成的可比收入，确定了绝对贫困线和相对贫困线，考察了农村居民的贫困发生率、贫困代际传递的比重。但传统的贫困发生率等年度静态指标并不能全面地反映单个家庭实际贫困状况，尤其是家庭中多代际间个体贫困状态的转换问题。由此，本章以收入流动性的视角考察农村居民贫困多代际传递问题，重点考察三代人的代际间收入流动性，揭示农村居民贫困代际传递的变化趋势，实证检验我国农村居民贫困多代际传递是否存在中断。具体来说，考察孙代在总体收入分配中的位置多大程度上是由祖代和父代各自的位置共同决定，或者说祖代收入和父代收入如何共同影响孙代的收入。基于上一章形成农村贫困居民①三代配对样本，分析同一家庭里祖代、父代和孙代之间的收入流动情况。通过考察农村贫困居民多代际间代际弹性的变化趋势，分析同一家庭里三代人之间的收入流动性，不仅关乎一个微观家庭自身的发展前景，而且有利于提高扶贫工作的有效性、精准

① 需要说明的是，本书采用的是 CHNS 和 CHIP 两个公共数据库农村样本，农村居民的定义与两个数据库保持一致，均将其定义为户籍是农村户口的群体，包含贫困居民和非贫困居民；农村贫困居民则是农村居民的一部分，特指户籍为农村户口的贫困群体。

性，帮助我们阻断贫困多代际传递。

基于上一章已经处理好的三代配对农村贫困居民主样本，本章主要研究内容如下：首先，简要阐述农村居民贫困多代际流动性的估计方法，并基于前文贫困多代际传递的理论模型，构建贫困多代际流动性估计的计量模型；其次，通过经验分析，估计不同孙代性别之间、不同地区之间的代际收入弹性，并分析估计结果；再次，简要阐述无条件分位数回归的方法，并分析不同收入孙代的代际收入弹性；最后为本章小结。

第一节　贫困多代际流动性估计方法

根据第二章分析框架可知，贫困代际传递一般是以代际收入弹性表示。具体来说，代际收入弹性越高，表示祖代、父代各自对孙代收入的影响就越大，则祖代、父代各自与孙代之间代际收入流动性越低，那么孙代对祖代、父代的依附性越强；反之，代际收入弹性越低，表示祖代、父代各自对孙代收入的影响就越小，则祖代、父代各自与孙代之间代际收入流动性越高，那么孙代对祖代、父代的依附性越弱。基于我国家庭中仍然是以男性收入为主，由此，本书在测度多代际间收入流动性时，祖代和父代只取男性收入。估计代际收入弹性时，学者们一般采用对数线性模型。三代代际收入弹性估计的基础回归模型为：

$$\ln y_t = \alpha + \rho_1 \ln y_{t-1} + \rho_2 \ln y_{t-2} + \varepsilon \tag{5.1}$$

其中，y_t 表示孙代永久性收入，y_{t-1} 表示父代永久性收入，y_{t-2} 表示祖代永久性收入，ρ_1 表示父代永久性收入对孙代永久性收入的影响程度，ρ_2 表示祖代永久性收入对孙代永久性收入的影响程度，ε 表示残差项。

（5.1）式用于估算多代际收入弹性时，需要注意的是祖代、父代和孙代的收入都应该是永久性收入或者是整个生命周期的收入，但在实际中几乎不可能获取祖代、父代或者孙代的终身所有收入，因此，实际应用中多使用祖代或父代单年收入作为个体永久性收入的替代，这一方法也直接导致了代际收入弹性估算的偏差。部分学者也证实了，父代单年收入替代永久性收入用来估算代际收入弹性会导致向下偏误的可能性（Solon，1992；Zimmerman，1992），最终估计结果可能低估 40%—60%。此外，结合本书第三章有关估算代际收入弹性的论述可知，在估算多代际收入弹性时，还会面对生命周期偏误和样本选择的偏误。

　　针对以上问题，本书借鉴相关文献的做法予以解决。首先，为了缓解生命周期偏误，本书采取限制年龄的方式，详细部分参看第三章数据处理部分，本节不再赘述，另外加入年龄变量的平方项，部分学者认为通过对年龄的调整可以缩小单年收入和永久性收入之间的差异，从而达到替代永久性收入的效果（何石军和黄桂田，2013）；其次，基于我国现有的数据库中微观数据调查时间范围都较短，以多年年收入均值的做法降低经典测量误差受到一定的限制，本书参照 Lee 和 Solon 2009 年的做法，加入出生年代虚拟变量的方式缓解部分误差；最后，采用双样本两阶段最小二乘法估计模型，以解决样本选择和内生性偏误。因此，调整后的方程为：

$$\ln y_{2t} = \alpha + \rho_1 \ln y_{1t} + \rho_2 \ln y_{0t} + \beta_{21} age_{2t} + \beta_{22} age_{2t}^2 + \beta_{11} age_{1t} + \beta_{12} age_{1t}^2 +$$

$$\beta_{01} age_{0t} + \beta_{02} age_{0t}^2 + r_{21} ear_{21} + r_{11} ear_{11} + r_{12} ear_{12} + r_{13} ear_{13} +$$

$$r_{01} ear_{01} + r_{02} ear_{02} + r_{03} ear_{03} + \varepsilon_t \qquad\qquad (5.2)$$

　　其中，y_{2t}、y_{1t}、y_{0t} 分别代表孙代、父代和祖代在 t 年的收入；age_{2t}、age_{1t}、age_{0t} 分别代表孙代、父代和祖代在 t 年的年龄；age_{2t}^2、age_{1t}^2、age_{0t}^2 分别代表孙代、父代和祖代年龄的平方；ear_{it} 为本书祖代、父代和孙代的出生年代虚拟变量，孙代是以 1980—1989 年为参照组，ear_{21} 代

表孙代出生在 *1990*—1997 年，父代是以 1944—1950 年为参照组，ear_{11}、ear_{12}、ear_{13} 分别代表出生在 1951—1960 年、1961—1970 年和 1971—1980 年，祖代是以 1924—1930 年为参照组，ear_{01}、ear_{02}、ear_{03} 分别代表出生在 1931—1940 年、1941—1950 年和 1951—1960 年的三个虚拟变量；ρ_1 代表父代收入变动 1%，孙代收入变动的百分比，ρ_2 代表祖代收入变动 1%，孙代收入变动的百分比，即为代际收入弹性；ε_t 代表随机误差项。

第二节　贫困多代际流动性估计结果

基于第四章估算出的 CHNS 祖代和父代收入，本章根据上一节多代际收入弹性估计模型，对祖代、父代和孙代收入进行回归分析，估计出多代际间三代配对样本的代际收入弹性，及其不同孙代性别之间、不同地区之间、不同世代的代际收入弹性，并分析估计结果。

一、三代配对全样本的估计结果

对（5.2）式进行回归分析，得到代际收入弹性的回归系数，结果如表 5-1 所示。

表 5-1　代际收入弹性系数估计结果

	系数值	标准差
Intercept	4.8152***	0.4269
$\ln y_{1t}$	0.3826***	0.0221
$\ln y_{0t}$	−0.0417***	0.0019
age_{2t}	0.0511	0.0139
age_{2t}^2	−0.0011	0.0007

续表

	系数值	标准差
age_{1t}	0.0608^{**}	0.0173
age_{1t}^2	-0.0021	0.0026
age_{0t}	0.0435^*	0.0127
age_{0t}^2	-0.0009	0.0004
ear_{21}	0.1175	0.0437
ear_{11}	0.1079	0.4193
ear_{12}	0.6994^{**}	0.4217
ear_{13}	1.1746^{***}	0.4822
ear_{01}	0.0927	0.3198
ear_{02}	0.4872^{**}	0.3257
ear_{03}	0.8659^{**}	0.3891
Adjusted R-square	0.2671	
F-statistic （p-value）	89.6400	0.0000
Observation	548	

注：*、** 和 *** 分别代表在 10%、5% 和 1% 的水平下显著。

从表 5-1 给出的结果可知，在祖代为贫困状态的农村家庭中，祖代与孙代代际收入弹性系数为 -0.0417，父代与孙代代际收入弹性系数为 0.3826，且结果都在 1% 的水平上显著。祖代对孙代收入的影响是负向关系且影响程度小，而父代对孙代收入的影响是正向关系。从代际收入弹性的绝对值来看，相对于祖代而言，孙代收入受到父代收入的影响程度更大。估计结果说明了祖代与孙代之间代际收入流动性较大，而父代与孙代之间代际收入流动性较小，且农村居民贫困代际传递存在祖代与孙代之间贫困传递中断的现象。这背后的原因可能是，本书祖代、父代与孙代三代配对样本的数据源自于 CHNS1989—2015 年之间的微观调查数据，这一时间段正好处于中国改革开放的重要发展时期，伴随着我国经济的快速发展,城市创造出大量的就业机会,一方面相对于祖代而言,父代劳动力大规模向城市流动,获得更多的就业机会,收入得到迅速的提高;另一方面,孙代在寻找非农就业机会中,又会受到父代的直接影响,给予孙代更多的帮助,可能直接影响到孙代的非农岗位的选择和收入的获取,从而带来了代际收入流动性的提高,在这一过程中祖代相对于父代而言,对孙代的影响可能很小。此外,我国扶贫工作取得的成绩也是不容忽视的。总之,父代与孙代之间存在贫困的代际传递,但祖代与孙代之间会出现贫困代际传递中断的现象,进一步验证了第二章理论推导部分的结论。

回顾国内多代际收入流动性的相关研究发现,国内只有一篇研究多代流动性的文献,关注了祖代、父代和孙代之间的职业流动状况(王春超和李淑贞,2017)。其他研究仅仅只是关注了父代与子代之间的收入流动性,估计的代际弹性系数值大小不一,差异较大,高值有的超过0.8,低值只有0.13,如表5-2所示,反映出我国农村父子两代间代际收入弹性的估计结果。例如方鸣和应瑞瑶(2010)利用CGSS2005年调查数据,基于两阶段最小二乘法,估计出农村父子之间代际收入弹性系数为0.546;陈杰等(2015)利用CHNS1989—2011年调查数据,考察了农村居民代际收入流动性的变化趋势,结果显示1997年父代与子代之间的代际收入弹性系数达到峰值,随后代际收入弹性呈现出缓慢下降的过程,但在2011年时,父代与子代之间代际收入弹性又出现反弹,其波动区间在0.246—0.45之间;肖殿荒等(2018)利用CFPS2008—2016年调查数据,运用两阶段最小二乘法测度了父代与子代之间的代际收入弹性,其结果反映农村子辈收入受父辈影响较大。总体来看,上述研究所估计出的我国代际收入弹性的均值约为0.45左右,这与本书父代与孙代之间的估计结果很接近。代际弹性系数为0.45意味着父代收入水平对子代影响很大，子代在社会收入分配中的相对位置与父代所处位置相似，收入代际传递很强，社会流动性较低。符合本书父代与孙代之间代际收入流动性的基本推论。

表 5-2　国内农村代际收入弹性估计结果的汇总比较

	数据年份	方法	代际收入弹性
姚先国、赵丽秋（2006）	CHNS1989—2000	OLS	0.55
方鸣、应瑞瑶（2010）	CGSS2005	TS2SLS	0.546
韩军辉、龙志和（2011）	CHNS1989—2006	IV	0.446
陈琳、袁志刚（2012）	CHIP1988—2005	OLS	0.24—0.42
龙翠红、王潇（2014）	CHNS1989—2009	OLS	0.5
胡洪曙、亓寿伟（2014）	CHNS1989—2009	IV	0.825
李长健、胡月明（2017）	CFPS2012	OLS	0.23—0.37
陈杰、孙群、周宁（2015）	CHNS1989—2011	OLS	0.246—0.45
亓寿伟（2016）	CHNS1989—2011	OLS	0.57
曹皎皎（2017）	CHARLS2011	OLS	0.13
肖殿荒、毕艳成、王姝力（2018）	CFPS2008—2016	OLS、2SLS	0.324（OLS）、0.470（2SLS）

资料来源：作者根据相关文献整理。

　　然而，国外多代间流动性的相关研究比较丰富，如 Peters（1992）利用美国国家纵向调查数据来估算孙代的对数收入与父母和祖父母的对数收入之间的关系；Warren 和 Hauser（1997）利用美国威斯康星大学的纵向研究来评估父母和祖父母的收入、职业声望和教育对后代的职业声望或教育的影响；Ridge（1973）采用类似方法利用英国的数据研究三代人的教育和职业声望之间的关系；Lucas 和 Kerr（2013）利用芬兰的数据来估计父母和祖父母的对数收入对孙代对数收入的影响。相关研究的结论并不一致，主要分为以下几类。

一是祖父母代际收入弹性系数较小，且统计学上不显著。如Behrman 和 Taubman（1985）基于美国国家科学院双胞胎数据的流动性研究的三代部分。Behrman 和 Taubman 通过对父母和祖父母的教育与后代的教育年限回归分析，他们发现祖父母教育的系数非常小，在统计学上是不显著的。

二是祖父母对孙代是负向影响。如 Lindahl 等（2015）对瑞典马尔姆斯的多代间流动性估计的研究，当 Lindahl 等将父亲和祖父的对数收入对孙代对数收入进行回归分析时，父母的系数估计是 0.281（标准误差 0.045），而祖父母的系数估计是 -0.084（标准误差 0.044）。Lindahl 等对三代间教育的研究得到了类似的结果。Borjas（1993）研究后代与父母、祖父母或曾祖父母代际收入弹性发现，子女和父母之间的代际收入弹性系数为 0.4，子女与祖父母之间的代际收入弹性系数为 0.16，子女与曾祖父母之间的代际收入弹性系数为 0.064。

三是一些研究发现祖父母"效应"是随着自身角色或环境的变化而变化。如 Zeng 和 Xie（2014）做了一项有启发性的研究，利用来自中国农村的数据，他们将子女教育与父母和祖父母教育一起回归，他们的回归包括祖父母教育的交互作用，以及祖父母是否与子女和父母共同居住。他们有趣地发现，"尽管非同住和已故祖父母的教育对孙代的辍学率几乎没有影响，但他们的祖父母自身教育的影响是相当大的……这些结果表明，如果祖父母都住在同一个屋檐下，他们的祖父母可以在他们的孙代中扮演重要的角色"。Zeng 和 Xie 的研究表明，代际影响的因果过程主要通过发生在家庭内部的日常互动。

国外研究结论的第二类与本书的估计结果相近，进一步证实了本书结论的可信度，即农村居民贫困多代际传递存在中断现象。

二、分地区的估计结果

本节将三代配对全样本根据经济发展水平不同的地区划分为东、中、西三个区域的样本，回归结果如表5-3所示。

表5-3　分地区代际收入弹性系数估计结果

	东　部	中　部	西　部
Intercept	4.5683 *** （0.3985）	4.2823 *** （0.4159）	4.9283 *** （0.4239）
$\ln y_{1t}$	0.5181 *** （0.0321）	0.4627 *** （0.0358）	0.3946 *** （0.0372）
$\ln y_{0t}$	−0.0334 *** （0.0019）	−0.0397 *** （0.0028）	−0.0411 *** （0.0022）
age_{2t}	0.0492 ** （0.0018）	0.0477 ** （0.0022）	0.0469 ** （0.0023）
age_{2t}^2	−0.0013 （0.0009）	−0.0009 （0.0006）	−0.0007 （0.0004）
age_{1t}	−0.0358 * （0.0017）	−0.0279 * （0.0021）	−0.0199 （0.0023）
age_{1t}^2	0.0003 （0.0004）	0.0004 （0.0007）	0.0006 （0.0005）
age_{0t}	−0.0417 （0.0014）	−0.0381 （0.0016）	−0.0324 （0.0017）
age_{0t}^2	0.0010 （0.0006）	0.0008 （0.0004）	0.0007 （0.0005）
ear_{21}	−0.3146 （0.2105）	−0.2499 （0.4842）	−0.2631 （0.5312）
ear_{11}	0.3302 （0.3443）	0.3084 （0.4452）	0.2849 （0.5361）
ear_{12}	0.6992 ** （0.6734）	0.5973 ** （0.6327）	0.5493 ** （0.6683）
ear_{13}	1.2114 ** （0.5682）	0.9852 ** （0.6225）	0.9348 ** （0.5587）
ear_{01}	0.3501 （0.4124）	0.2788 （0.4027）	0.1426 （0.3749）
ear_{02}	0.6812 * （0.4416）	0.6547 * （0.4316）	0.5861 * （0.4235）
ear_{03}	1.0257 ** （0.6352）	0.8672 ** （0.4223）	0.8364 ** （0.3917）
Adjusted R-square	0.3964	0.3342	0.2471
F-statistic （p-value）	21.47 （0.0000）	36.17 （0.0000）	39.42 （0.0000）
Observation	127	206	215

注：*、** 和 *** 分别代表在10%、5%和1%的水平下显著；括号内为标准误。

根据表5-3结果可知，祖代与父代各自对孙代代际收入弹性影响存在地区差异。在祖代为贫困状态的农村家庭中，祖代与孙代代际收入弹性系数西部最低、中部居中、东部最高；而父代与孙代代际收入弹性系数是东部最高、中部次之，西部最低。其中，由于祖代收入与孙代收入之间是负向影响，那么祖代对孙代收入的影响呈现出由西向东逐渐减弱的状况，原因可能是代际影响的因果过程主要通过日常互动发生在家庭内部（Zeng 和 Xie，2014），西部农村贫困家庭中父母长期外出打工，留守儿童较多，祖代对孙代的影响比较大，而东部农村贫困家庭中留守儿童现象相对于西部更少一些，这说明地区经济发展水平越高，祖代对孙代收入的影响则越弱；父代对孙代收入的影响呈现出由东向西逐渐减弱的状况，这一结论与方鸣和应瑞瑶（2010）、陈杰和苏群（2015）的研究结论一致，说明地区经济发展水平越高，父代收入对孙代收入的影响反而越大。整体上看，中西部地区的代际收入流动性较低，孙代受到祖代、父代的影响较大，且依赖性则较强；而东部地区收入流动性较高，孙代受到祖代、父代的影响较小，且依赖性则较弱。此外，祖代与孙代贫困代际传递中断的现象，不存在地区之间的差异。

三、孙代分性别的估计结果

如前文所述，一方面我国"重男轻女"的传统陋习仍然存在，尤其在农村，人们大多重视男性的权利，重视男性后代的个人发展，并限制女性后代的个人发展；另一方面对于劳动供给弹性来说，女性比男性更高，这在一定程度上女性的代际收入弹性会被提高（Raaum 等，2007）。因此，本书更关心贫困的多代际传递是否会呈现出性别上的差异。根据本章估计贫困多代际流动性的方法，我们将三代配对样本以孙代的性别为依据，分为孙子和孙女两个样本，回归结果如表5-4所示。

表 5-4　孙代分性别代际收入弹性系数估计结果

	孙　子	孙　女
Intercept	4.372*** (0.4382)	4.5229*** (0.4671)
$\ln y_{1t}$	0.4824*** (0.0441)	0.4136*** (0.0323)
$\ln y_{0t}$	-0.0411*** (0.0021)	-0.0391*** (0.0016)
age_{2t}	0.0155** (0.0013)	0.0142** (0.0017)
age_{2t}^2	-0.0004 (0.0003)	-0.0005 (0.0004)
age_{1t}	-0.0231 (0.0008)	-0.0187 (0.0007)
age_{1t}^2	0.0002 (0.0002)	0.0001 (0.0002)
age_{0t}	-0.0116 (0.0015)	-0.0121 (0.0014)
age_{0t}^2	0.0001 (0.0003)	0.0002 (0.0003)
ear_{21}	-0.2132** (0.2967)	-0.2341** (0.3224)
ear_{11}	0.1132 (0.4112)	0.0143 (0.3957)
ear_{12}	0.6726 (0.4018)	0.6931 (0.4211)
ear_{13}	1.1872** (0.4238)	1.0731** (0.4427)
ear_{01}	0.0132 (0.4112)	0.0143 (0.3957)
ear_{02}	0.5726 (0.4018)	0.6024 (0.4125)
ear_{03}	0.9872** (0.4238)	1.0314** (0.4342)
Adjusted R-square	0.2737	0.2378
F-statistic (p-value)	43.54 (0.0000)	49.12 (0.0000)
Observation	253	295

注：*、**和***分别代表在10%、5%和1%的水平下显著；括号内为标准误。

根据表5-4的结果可知，祖代与父代各自与孙代的代际收入弹性影响存在性别差异。由于祖代与孙代之间是负向关系，在祖代为贫困状态的农村家庭中孙子的代际收入弹性系数略小于孙女的代际收入弹性系数，其中祖代与孙子的代际收入弹性系数为-0.0411，祖代与孙女的代际收入弹性系数为-0.0391；然而，在父代为贫困状态的农村家庭中孙子的代际收入弹性略高于孙女的代际收入弹性，父代与孙子的代际收入弹性系数为 0.4824，父代与孙女的代际收入弹性系数为 0.4136。结果表明，男性孙代的收入受到祖代、父代收入的影响更大。本书的结果与国内外的研究结论基本一致。如陈琳（2011）的研究结果显示代际收入弹性女儿略低于儿子，胡洪曙（2014）进一步证实了该结论，结果显示女儿的代际收入弹性系数为 0.402，低于儿子的代际收入弹性系数 0.403；国外学者 Chadwick 和 Solon（2002）、Hirvonen（2008）运用本国家庭数据研究发现女儿与父代收入相关性低于儿子，儿子与父代代际收入弹性更高。这说明孙子较孙女而言，在祖代、父代贫困、资源相对有限的情况下，祖代、父代更重视对男性孙代的培养，忽视对女性孙代的培养，从而造成了男性孙代受到祖代、父代的影响更大，则祖代与孙子、父代与儿子之间代际收入流动性较低，但祖代与孙代之间的贫困代际传递中断的现象不存在性别差异。

第三节　基于无条件分位数回归的代际收入弹性

本章前两个部分是基于双样本两阶段最小二乘法的方法估计出农村居民贫困多代际传递的状况，结果显示多代际收入弹性在区域间、孙代性别等方面存在差异，并未揭示出多代际收入传递程度是否受到孙代收入水平的变化而产生不同的影响。在现有相关文献中，一部分学者认为处于高、低两端收入水平时，群体间代际流动性低（方鸣和应瑞瑶，2010；陈杰等，2016）；另一部分学者则认为处于高等收入水平的群体之间代际收入弹性估计值高于低等收入水平的群体（姚先国和赵丽秋，2006；陈琳和袁志刚，2012）。通过现有文献的研究结果可以看出，现有对不同收入等级群体的代际收入流动性并未形成一致的研究结论。因此，为了进一步分析不同收入水平孙代受祖代、父代收入影响的差异，本书将通过无条件分位数回归的方法考察孙代在不同收入分布上的代际收入弹性。

一、无条件分位数回归方法

回顾有关收入流动性的文献发现，在考察不同条件分布位置的回归结果时，计量方法的应用上绝大多数学者采用条件分位数回归方法（吕光明和李莹，2017；邹薇和马占利，2018），结果显示代际收入流动性随着收入的增加而提高。这里的条件分位数回归自 Koenker 和 Bassett（1978）提出以来，被广泛应用于经济学实证研究中。虽然条件分位数方法的结果能反映出具有相同特征的个体（如，具有某一特定学历、家庭背景的男性），某些不可观测的能力对其收入的扰动性影响，但条件分位数过多地关注一些不必要的个体特征，忽视了结果与政策制定者初衷的一致性。例如，在考察教育对收入影响时，条件分位数回归能描述所有条件分位点上解释变量对被解释变量的不同边际效应，条件于教育的 0.1 分位指的是在不同教育水平中 10% 以内的最低收入群体，并不是整体中的最低收入群体，而政策制定者往往更关注后者。因为人们只是关心教育对个体收入的一般性边际影响，并不关心个体的年龄、性别或者家庭背景是什么样的，这就变成了收入关于教育的无条件分位数问题。针对类似问题，Fripo 等（2009）提出了无条件分位数回归的解决方法，即估计教育这一影响因素的单位平移变换对收入无条件分布某一分位点上的边际影响。

无条件分位数回归（UQR）假设各影响因素 X 是外生的，定义式如下：

$$UQR(\tau) = \int \frac{\partial E\big[RIF(q_\tau, y, F_Y)\,|\,X\big]}{\partial X} dF_X \tag{5.3}$$

$RIF(q_\tau,\ y,\ F_Y)$ 是 F_Y 的 τ 分位数对应的再中心化影响函数,其中 q_τ 表示 Y 的无条件分位数,满足 $F_Y(q_\tau)=\tau$。获得无条件分位数的一致估计包括以下三个步骤。

第一步,利用样本次序统计量获得 q_τ 一致估计 $\widehat{q_\tau}$,假设 $P(y_i \geqslant \widehat{q_\tau})$ 是各影响因素 $x_i(i=1,\ \cdots,\ n)$ 的线性函数,做 Logit 回归,获得 $E[1(y>q_\tau)|x]=\Phi(x'\beta)$ 中 β 的一致估计,其中 $\Phi(\cdot)$ 是 Logistic 分布;

第二步,通过计算 $\dfrac{\partial\ E[\widehat{RIF}(\widehat{q_\tau},\ y,\ F_Y)|x]}{\partial\ x}\bigg|_{x=x_i}=\dfrac{\Phi'(x_i'\widehat{\beta})\widehat{\beta}}{\widehat{f_Y}(\widehat{q_\tau})}$,获得定义式中偏导数部分的一致估计,其中 $\widehat{f_Y}(\cdot)$ 是 Y 密度函数的非参数一致估计;

第三步,通过计算 $\dfrac{1}{n}\sum\limits_{i=1}^{n}\dfrac{\partial\ \widehat{E}[\widehat{RIF}(\widehat{q_\tau},\ y,\ F_y)|x]}{\partial\ x}\bigg|_{x=x_i}=\dfrac{1}{n}\sum\limits_{i=1}^{n}\dfrac{\Phi'(x_i'\widehat{\beta})\widehat{\beta}}{\widehat{f_Y}(\widehat{q_\tau})}$,获得 $UQR(\tau)$ 的一致估计。

正如前文所述,条件分位数回归只是有助于我们解释祖代、父代各自相关的解释变量对于被解释变量孙代收入在干扰项的不同分位点上的异质性边际影响,由此,本书采用无条件分位数回归的方法,考察孙代在不同收入分布上的代际收入弹性。

二、无条件分位数回归结果分析

本书的数据为双样本两阶段匹配而成的截面数据,因此不存在序列相关性,仅需检验多重共线性和异方差性。检验结果表明,所有解释变量的方差膨胀因子均小于 2,不存在多重共线性问题。怀特检验中 $n\,R^2$

对应的 P 值为 0.03，表明存在异方差性，回归分析时采用聚类稳健标准差（Clustering Robust Standard Errors），消除异方差问题的影响。本书中我们估计孙代收入分布处于 25、50、75 三个分位点的多代际收入弹性，无条件分位数回归的结果如表 5-5 所示。

表 5-5　无条件分位数估计结果

	25 分位	50 分位	75 分位
Intercept	3.9183 *** （0.4015）	3.8827 *** （0.4109）	4.9471 *** （0.3819）
$\ln y_{1t}$	0.5321 *** （0.0675）	0.5726 *** （0.0507）	0.3846 *** （0.0625）
$\ln y_{0t}$	−0.0431 *** （0.0031）	−0.0467 *** （0.0020）	−0.0376 *** （0.0024）
age_{2t}	0.0392 ** （0.0031）	0.0367 ** （0.0021）	0.0443 ** （0.0029）
age_{2t}^2	−0.0011 * （0.0007）	−0.0008 （0.0009）	−0.0013 （0.0006）
age_{1t}	−0.0327 * （0.0017）	−0.0369 * （0.0021）	−0.0189 （0.0026）
age_{1t}^2	0.0005 （0.0004）	0.0006 （0.0007）	0.0003 （0.0004）
age_{0t}	−0.0392 （0.0015）	−0.0401 （0.0019）	−0.0384 （0.0017）
age_{0t}^2	0.0009 （0.0005）	0.0011 （0.0007）	0.0006 （0.0005）
ear_{21}	−0.4146 * （0.1957）	−0.2418 （0.3872）	−0.2631 （0.2327）
ear_{11}	0.3002 （0.3443）	0.3317 （0.3216）	0.2839 （0.4361）
ear_{12}	0.5763 ** （0.4934）	0.6217 ** （0.6015）	0.5973 ** （0.6413）
ear_{13}	1.0134 ** （0.5912）	1.1029 ** （0.6704）	0.8972 ** （0.6247）
ear_{01}	0.3483 （0.3924）	0.3788 （0.4217）	0.1607 （0.3833）
ear_{02}	0.5912 * （0.4502）	0.6357 * （0.4432）	0.5662 * （0.4415）
ear_{03}	1.0257 ** （0.6004）	1.1602 ** （0.5173）	0.8364 ** （0.4211）

注：*、**、*** 分别代表在10%、5%和1%的水平下显著；括号内为标准误。

根据表 5-5 给出的孙代收入在 25、50 以及 75 分位点的回归结果可知，祖代与孙代之间当处于 50 分位点收入的孙代代际收入弹性最低，祖代与孙代之间的代际收入弹性系数为−0.0467；父代与孙代之间当处于 50 分位点收入的孙代代际收入弹性最高，父代与孙代之间的代际收入弹性为 0.5726。祖代与孙代之间处于 75 分位点收入的孙代多代际收入弹性最高，祖代与孙代之间的代际收入弹性为 -0.0376；而父代与孙代之间处于 75 分位点收入的孙代多代际收入弹性最低，父代与孙代之间的代际收入弹性为 0.3846。这两项数据表明孙代对祖代和父代的收入依赖程度的高低存在差异。

为了更清晰地反映出孙代多代际收入弹性随着自身收入分位数不同而变化的趋势，本书进一步报告祖代、父代各自与孙代的代际收入弹性系数的趋势图，纵轴代表对应解释变量的无条件分位数回归系数，横轴代表无条件分位数，见图 5-1 和图 5-2。根据图 5-1 和图 5-2 可知，在孙代收入不同分位点上祖代与孙代的代际收入弹性差异明显，父代与孙代之间的代际收入弹性同样存在差异。具体来说，图 5-1 的结果显示，

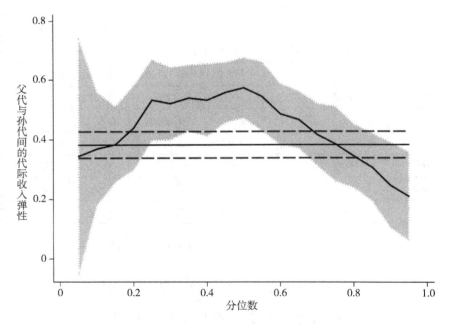

图 5-1　全分位回归父代收入系数的变化图

父代与孙代之间的代际收入弹性呈现出先随着分位点提高而上升，达到顶点后再随着分位点的提高而下降，类似于倒"U"形的变化趋势，父代与孙代代际收入弹性的高值出现在孙代收入分布 45—55 分位点之间，低值则出现在右侧孙代高收入阶层上，说明中间收入分位点孙代与父代之间代际收入弹性较大，则处于中间收入分位点的孙代与父代之间代际收入流动性较低，孙代对父代的依赖性较强。总体而言，大部分收入区间的孙代代际收入弹性高于 0.3，表明父代收入对孙代的影响较大，反而处于孙代收入 80 分位点后的群体，代际收入弹性低于 0.3，其受到父代收入的影响较小，处于高收入分位点的孙代可能大部分的原因是源自于自身的努力。

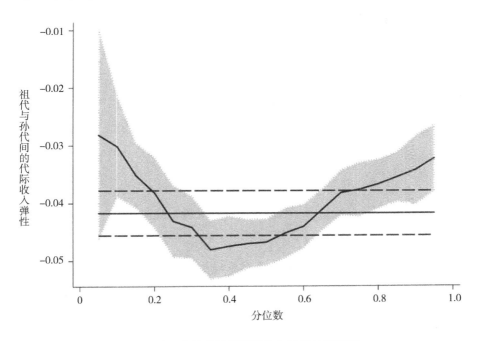

图 5-2 全分位回归祖代收入系数的变化图

图 5-2 的结果显示，祖代与孙代之间的代际收入弹性呈现出先随着分位点提高而下降，到达底部后再随着分位点的提高而上升，类似于

"U"形的变化趋势，祖代与孙代代际收入弹性的低值出现在孙代收入分布30—40分位点之间，高值则出现在孙代中间收入分位点的两侧。祖代与孙代代际收入弹性的低值出现在中间收入分位点之间，结果表明中间收入分位点孙代的代际收入弹性较小，但祖代与孙代是负向关系，则处于中间收入分位点孙代与祖代的代际收入流动性较小，那么处于中间收入分位点孙代对祖代收入依赖则较大，可能的原因是孙代一般处于中间收入分位点时，自身能力或资源对于突破自身发展瓶颈略显不足，因此外部资源的供给对其影响较大。此外，贫困代际传递的中断在孙代不同收入分位点上不存在差异。

通过对比国内外的相关研究成果发现，Jäntti等（2006）研究北欧国家代际收入弹性的结果与本书父代与孙代之间代际收入弹性结果一致，但部分学者认为子代处于中间收入水平的代际收入弹性最小，而处于两端收入水平的代际收入弹性反而较大（Bratberg等，2005），与本书祖代与孙代之间的研究结论一致。还有一些学者认为代际收入弹性随着子代收入的变化而变化，有可能是提高（Mocetti，2007），有可能是下降（陈琳，2012；Hirvonen，2008），并未形成统一的认识。

本章小结

本章在第二章贫困多代际传递理论模型的基础上，尽可能控制了祖代、父代和孙代的特征因素（年龄和出生年代），基于第四章形成的农村贫困居民样本，运用双样本两阶段最小二乘法，对贫困多代际传递计量模型进行回归分析，估计出三代配对全样本中祖代与孙代、父代与孙代各自的代际收入弹性大小，并根据区域、孙代性别和无条件分位数三个类别分别对多代际收入弹性系数进行了对比研究。总而言之，本章基于第四章贫困测度所形成的农村居民三代配对的贫困样本，实证检验理论模型的结论，并验证贫困代际传递中断现象，从不同角度测算贫困代际流动性的差异，为下一步机制分解奠定基础。

第一，从整体上看，我国农村居民贫困多代际传递效应存在，但祖代与孙代三代间的贫困代际传递存在中断的现象。本书基于 Becker 和 Tomes（1979）的代际收入流动理论，第二章从理论上分析了贫困多代际传递现象，构建一个贫困多代际传递的理论模型，理论模型结果表明，在同一家庭里父代与孙代之间存在贫困代际传递，祖代与孙代存在贫困代际传递中断的可能性，由此该模型理论推导的结果既解释贫困代际传递，又解释贫困代际传递中断问题。基于此，本章利用第四章贫困测度所形成的农村居民三代配对的贫困样本，通过经验分析检验了第二章理论模型的结论。本章所估计的多代际收入弹性系数，祖代与孙代之间是 -0.0417，父代与孙代之间是 0.3826，两个值都在 1% 水平下显著，研究结论与国外学者多代际收入流动性的研究结论基本一致。其中，我国农村贫困居民祖代与孙代之间的代际收入弹性系数高于发达国家祖代与孙代之间的代际收入弹性系数 -0.084（Lindahl 等，2015）；父代与孙代之间的代际收入弹性系数高于发达国家父代与孙代之间的代际收入弹性系数 0.281（Lindahl 等，2015）。结果表明，父代与孙代之间代际收入弹性较大且为正向影响，二者之间的代际收入流动性较小，孙代对父代的依赖性较强，贫困的代际传递效应较大；祖代与孙代之间代际收入弹性较小且为负向影响，祖代与孙代的贫困代际传递出现中断现象。我们推测的原因可能是：本书祖代、父代与孙代三代配对样本的数据源自于 CHNS1989—2015 年之间的微观调查数据，这一时间段正好处于中国改革开放的重要发展时期，伴随着我国经济的快速发展，城市创造出大量的就业机会，一方面父代相对于祖代获得了更多的就业机会，工资性收入得到大幅提升,从而导致父代在孙代处于人力资本投资的关键时期(6—19 岁),对其人力资本投资受到的约束较少,促进了孙代人力资本的积累,为孙代成年后提升工资性收入水平奠定了基础;另一方面孙代相对于父代而言,不仅成年后面临的就业机会更多,而且最低工资标准不断提升,共同促进了孙代工资性收入的大幅提升。此外,我国扶贫工作的稳步推进,提高了祖代与孙代之间贫困代际传递中断的可能性,但从祖代与孙代代际收入弹性系数的绝对值来看,祖代与孙代收入的影响仍然是不可忽视的。

第二,贫困居民的多代际收入弹性呈现出显著的地区差异。在祖代为贫困状态的农村家庭中,祖代与孙代代际收入弹性系数西部最低,中部居中,东部最高;而父代与孙代代际收入弹性系数是东部最高,中部次之,西部最低。祖代对孙代收入的影响呈现出由西向东逐渐减弱的状况,这说明地区经济发展水平越高,祖代对孙代收入的影响则越弱,可能的原因是地区经济发展水平意味着就业机会多,孙代成年后通过自身的努力拥有的就业机会更多,工资性收入的提升更明显;父代对孙代收入的影响呈现出由东向西逐渐减弱的状况,说明地区经济发展水平越高,父代收入对孙代收入的影响反而越大。整体上看,中西部地区的代际收入流动性较低,孙代受到祖代、父代的影响较大,且依赖性则较强。

第三,贫困居民的多代际收入弹性呈现出孙代性别上的差异。由于祖代与孙代之间是负向关系,在祖代为贫困状态的农村家庭中孙子的代际收入弹性系数值略小于孙女的代际收入弹性系数,而父代与孙代之间是正向关系,在父代为贫困状态的农村家庭中儿子的代际收入弹性略高于女儿的代际收入弹性。总体上说明孙子较孙女而言,在祖代、父代贫困以及资源相对有限的情况下,祖代、父代更重视对男性孙代的培养,忽视对女性孙代的培养，从而造成了男性孙代受到祖代、父代的影响更大，则祖代与孙子、父代与孙子之间代际收入流动性较低，但祖代与孙代之间的贫困代际传递中断的现象不存在性别差异。

第四，多代际收入弹性随着孙代收入分位点的变化而变化。父代与孙代之间代际收入弹性呈现出先随着分位点提高而上升，达到顶点后再随着分位点的提高而下降的倒"U"形的变化趋势，即父代收入与孙代收入之间呈现出倒"U"形的变动趋势。由于祖代与孙代是负向影响关系，则祖代与孙代之间代际收入弹性呈现出先随着分位点提高而下降，达到底部后再随着分位点的提高而上升的"U"形的变化趋势，即祖代与孙代之间呈现出"U"形的变动趋势。总体而言，整体上处于孙代收入两端分位点的代际收入弹性系数绝对值小于中间分位点的代际收入弹性系数绝对值，处于中间收入分位点的孙代受祖代、父代影响较大，则对祖代、父代的依赖性较强，可能的原因是孙代一般处于中间收入分位点时，自身能力或资源对于突破自身发展瓶颈略显不足，因此外部资源的供给对其影响较大。此外，贫困代际传递的中断在孙代不同收入分位点上不存在差异。

第六章　农村居民贫困多代际
传递机制分析

上一章在第四章形成的三代配对农村贫困居民样本基础上，对中国农村贫困居民祖代与孙代、父代与孙代之间的代际收入流动性进行了测度，为本章研究提供了事实依据。其结果表明祖代收入、父代收入分别与孙代收入之间相关性是显著的，且祖代与孙代是负向关系，父代与孙代是正向关系，也就是说第五章实证验证了贫困代际传递存在中断的现象。然而，正如Solon（1999）的研究指出，代际收入弹性估计只是代际收入流动性研究的起点，并不能揭示出祖代、父代与孙代多代际间的内在影响机制是什么，只有对其内在影响机制进行深入的了解，揭示贫困代际传递中断的原因，才能更有效地制定促进代际收入流动的政策，达到阻断贫困代际传递的目标。此外，基于第一章文献综述部分的内容，我们发现许多学者已经认识到人力资本作为中间变量，对代际收入流动性的影响。如部分学者认为健康人力资本有助于个体脱离"贫困陷阱"（Van和Muysken，2001；Hemmi等，2007；王弟海，2012），也有学者认为教育（包括基础教育和职业教育）和工作经验对父子之间的代际收入流动性有着重要的影响（黄潇，2014；陈杰，2016）。但多数关注人力资本对代际收入流动性影响时，要么只关注了教育，要么只着眼于健康，同时关注二者的文献比较缺乏。基于此，本书将进一步探讨多代际间贫困传递机制，并检验健康和教育分别对贫困代际传递的作用。具体而言，本章将分解流动性估计的结果，实证检验多代际传递机制的理论模型结果，并从不同角度分解教育、健康在代际传递过程中的作用，探索促进农村贫困居民收入向上流动的路径，为阻断贫困代际传递提供理论依据和政策建议。

第一节　贫困多代际传递机制分析方法

基于本书第二章分析框架的内容可知，传统的代际收入流动理论认为，人力资本是代际收入流动性的重要传递机制之一（Becker 和 Tomes，1979；Celhay 和 Gallegos，2015）。代际收入流动理论模型指出父代对子代的人力资本进行投资，进而影响子代人力资本的形成，并最终对子代的收入产生影响（Becker 和 Tomes，1986）。随着代际收入流动理论的发展，部分学者根据已有经验文献将代际收入传递机制的相关研究分为两类。

第一，采用单一机制的分析方法进行实证分析，其主要方法为两种。一种是条件弹性法，即通过对比基础的代际收入弹性估计结果与引入人力资本变量后的条件代际收入弹性估计结果，进而求出人力资本的传递机制的影响程度大小。现有研究中部分学者通过条件弹性法测度影响机制，得出了人力资本的作用大小，结果显示人力资本对低收入阶层作用强于中高收入阶层（Eide 和 Showalter，2000），且人力资本对移民的影响程度高于本地居民（Hammarstedt 和 Palme，2012）。此外，Eide 和 Showalter（2000）的研究中，将教育变量加入方程后，代际收入弹性系数下降了 50%，这说明教育对于代际收入流动性的解释力度较大。

另一种是工具变量法。该方法是从社会科学领域引入的，主要是通过因果推断的方式测算收入与人力资本之间的关系。

第二，采用传统的多机制方法进行实证分析，主要是通过中间变量的方法，将人力资本与其他机制同时作为中间变量，对代际收入流动性进行分解，并区分各个影响机制的贡献度。其主要分解方法有两种：一是 Bowles 和 Gintis 分解法（Bowles 和 Gintis，2002）；二是 Blanden 分解法（Blanden 等，2007）。这两类方法在分解结果上基本一致，都能反映出各个机制的贡献度。此外，这两类方法的研究结果都显示人力资本是代际收入传递的最重要的途径之一。回顾国内现有研究发现，有关中国代际收入传递机制的研究大多数采用第二类经验分析方法。如姚先国和赵丽秋（2006）利用 Bowles 和 Gintis 分解法发现人力资本在我国居民代际收入传递中贡献率为 8.1%，后续学者进一步证实了人力资本在收入代际传递过程中的作用（方鸣和应瑞瑶，2010）。但部分学者通过 Blanden 分解法对我国居民代际收入传递进行分解发现，人力资本的贡献率是 10% 左右（陈琳和袁志刚，2012；陈杰，2015）。以上研究结论证实了人力资本在代际收入传递过程中的作用。

基于此，本节将分别介绍以上两类经验分析方法，通过对比分析，选取中国农村贫困居民多代际收入传递机制的分解方法：第一类，采用单一机制的分析方法进行实证分析，主要介绍条件弹性法，即逐步加入变量到方程中观察代际收入弹性的变化，通过考察代际收入弹性下降的程度，以此来确认该变量在代际收入传递中的影响程度；第二类，采用传统的多机制方法进行实证分析，主要介绍 Blanden 分解法，即通过计算一个（一组）中间变量能解释的代际收入弹性在总弹性中所占的比重，如 Blanden 等（2007）通过加入教育、认知和非认知能力三个中间变量，研究发现中间变量教育能解释接近 1/3 的代际收入流动性。

一、条件弹性法

条件弹性法的基础模型为:

$$Y_{i, t} = a + \beta_1 Y_{i, t-j} + \beta_2 X_i + \varepsilon_i \tag{6.1}$$

其中, $Y_{i, t}$ 表示孙代对数收入, $j = 1$、2 分别表示父代对数收入和祖代对数收入, X_i 表示逐步加入对代际收入弹性存在影响的子代变量, 如教育、健康、职业等, 通过比较加入变量后的模型与基础模型之间回归模型结果中代际收入弹性的差异, 估算所加入变量对代际收入弹性的影响程度。祖代与孙代的回归模型亦是如此。

Solon (1992) 采用条件弹性法, 基于美国收入的追踪数据, 对美国代际收入传递机制进行了分解, 该研究的基础模型中只包含了父代 1967 年收入和子代 1984 年收入, 通过回归发现二者之间的代际收入弹性系数为 0.386, 随后将父代的受教育程度加入到基础模型中, 父子之间的代际收入弹性为 0.526, 结果显示父代的受教育程度显著影响父子之间的代际收入弹性; Peters (1992) 也基于条件弹性法, 利用美国 NLS 面板数据, 对父子之间的收入相关性进行了分析, 在基础模型中先将父代受教育水平和宗族两个变量控制起来检验父子之间收入的相关性, 研究结果显示, 加入教育和宗教变量后, 不仅父子之间收入的相关系数提高了, 而且模型整体上的拟合优度也提高了, 从而认为这两个变量对代际收入弹性有着显著的影响。Eide 和 Showalter (1999) 将受教育程度引入到基础方程中, 结果显示系数降低了 50%, 再次证实了教育对代际收入弹性的解释力较强。Mulligan (1999) 基于美国青年调查的追踪数据, 首先通过基础模型考察父母收入对子女收入的影响程度, 随后引入教育、AFQT (Armed Forces Qualifying Tests) 以及地理位置等变量到基础模型中, 结果显示代际收入弹性仍然有 40% 不能被解释,即可推断教育等三个变量对代际收入弹性存在着影响。

条件弹性法的核心思想就是通过不断加入新的变量，对比分析代际收入弹性前后的差异来考察机制的影响因素，然而，该方法的不足之处在于无法剔除对代际收入传递有影响的其他因素，从而导致了计量模型存在较多的遗漏变量，模型中已引入的各个因素对代际收入传递的影响也存在着偏误。因此，该方法并不能准确地阐释代际收入传递的内在机制问题。

二、Blanden 分解法

本节主要借鉴 Blanden 等（2007）的研究，通过中间变量的方法对代际收入弹性系数进行分解。具体来说：

第一步，将父代收入对孙代特征各中间变量分别回归，计量模型如下：

$$IN_k = \varphi_k + \lambda_k y_{t-j} + u_k \tag{6.2}$$

其中，IN_k 代表孙代特征中间变量，$k = 1$、2 分别表示孙代的受教育程度和健康，$j = 1$、2 分别表示父代对数收入和祖代对数收入，λ_k 代表祖代收入或父代收入对孙代特征的回归系数或是投资系数，u_k 表示随机误差项。

第二步，将孙代各中间变量对孙代收入进行回归，计量模型如下：

$$y_t = \eta + \sum_{k=1}^{2} \delta_k IN_k + \nu \tag{6.3}$$

其中，IN_k 代表孙代特征中间变量，$k = 1$、2 分别表示孙代的受教育程度和健康，y_t 表示孙代对数收入，δ_k 代表孙代特征对其自身收入的回归系数或是投资系数，ν 表示随机误差项。

第三步，通过（6.2）式可以分别估计祖代收入、父代收入对孙代的教育和健康投资的系数，（6.3）式则可以测算出孙代教育和健康对其自身收入的回报率，在此基础上对总的代际收入弹性进行估算，如下所示：

$$\beta = \sum_{k=1}^{2} \lambda_k \delta_k + \frac{Cov(\nu, y_{t-j})}{Var(y_{t-j})} \qquad (6.4)$$

其中，β 表示总的代际收入弹性系数，$Cov(\nu, y_{t-j})$ 表示（6.3）式估计的残差项与祖代收入（$j=2$）或父代收入（$j=1$）的协方差，$Var(y_{t-j})$ 表示祖代收入（$j=2$）或父代收入（$j=1$）的方差。

第四步，分别计算出单一中间变量对代际收入弹性的贡献率，如下所示：

$$\gamma_k = \frac{\lambda_k \delta_k}{\beta} \qquad (6.5)$$

其中，$k=1$、2 分别代表代际收入传递过程中教育和健康的贡献率。

基于以上分析，本书将采用 Blanden 分解法，对中国农村贫困居民多代际收入传递机制进行分解。

第二节　贫困多代际传递机制分解结果

本节将借鉴 Blanden 等（2007）的代际收入传递机制的分解方法，基于祖代、父代和孙代三代配对样本数据，从人力资本的视角考察全样本的分解结果，以及不同地区、不同孙代性别的分解结果。

一、三代配对全样本的分解结果

根据表6-1给出的结果可知，孙代受教育程度在祖代与孙代的代际收入传递中所占的比重为 16.21%，孙代健康在祖代与孙代的代际收入传递中所占的比重为3.85%，人力资本合计大约解释了祖代与孙代之间代际收入弹性的比例为 20.06%；孙代受教育程度在父代与孙代的代际收入传递中所占的比重为 19.26%，孙代健康在父代与孙代的代际收入传递中所占的比重为 6.82%，人力资本合计大约解释了父代与孙代之间代际收入弹性的比例为 26.08%。可见，人力资本在祖代、父代与孙代多代际收入传递中作用显著。相对于健康而言，孙代教育无论是在祖代与孙代之间还是父代与孙代之间，其贡献率都最高；相对于祖代而言，父代与孙代之间的教育和健康的贡献率都更高，这表明人力资本的贡献率受到祖代、父代的收入水平直接影响，收入水平较高的父代对孙代人力资本投资则越高，孙代人力资本的作用则越明显。此外，对于孙代而言，人力资本受到祖代、父代的投资越多，自身则更有可能收入向上流动，摆脱祖代、父代的贫困状态。

从投资系数来看，孙代获得祖代教育投资的系数为 0.2738，而获得祖代健康投资的系数为 0.0253；孙代获得父代教育投资的系数为 0.9824，而获得父代健康投资的系数为 0.1852。这表明较健康投资而言，祖代和父代都更重视对孙代的教育投资。相对于父代而言，祖代的教育投资系数和健康投资系数都较小，结合第三章和第四章相关内容，我们发现整体上低于绝对贫困线 2610.14 元/年，祖代绝对贫困发生率达到 73.27%，而父代和孙代则分别为 21.39% 和 9.36%，由此本书认为可能的原因是祖代整体收入偏低，对孙代整体上的影响较小，则导致了较低的教育和健康的回归系数值。

从投资回报率来看，祖代与孙代之间，教育的回报率为 0.0294，健康的回报率为 0.0754；父代与孙代之间，教育的回报率为 0.0806，健康的回报率为 0.1478。这表明较教育投资回报率而言，无论是祖代与孙代还是父代与孙代之间，健康的投资回报率是最高的；父代与孙代的健康投资回报率高于祖代与孙代的健康投资回报率。这意味着在某种程度上会激励祖代和父代对后代健康投资。

表6-1 代际收入弹性的分解结果

		教育程度	健康	可解释比例（%）	其也解释比例（%）
祖代	投资系数	0.2738	0.0253	20.06	79.94
	回报率	0.0294	0.0754		
	贡献值	0.0080	0.0019		
	解释比例（%）	16.2143	3.8457		
父代	投资系数	0.9824	0.1852	26.08	73.92
	回报率	0.0806	0.1478		
	贡献值	0.0792	0.0274		
	解释比例（%）	19.2600	6.8227		

二、不同地区贫困多代际传递机制的分解结果

根据表6-2给出的结果可知，东部地区人力资本约能解释祖代与孙代之间代际收入弹性的21.34%，其中教育在祖代与孙代的代际收入传递中所占的比重为18.1273%，健康在祖代与孙代的代际收入传递中所占的比重为3.2117%；中部地区人力资本约能解释祖代与孙代之间代际收入弹性的17.87%，其中教育在祖代与孙代的代际收入传递中所占的比重为13.5371%，健康在祖代与孙代的代际收入传递中所占的比重为4.3357%；西部地区人力资本约能解释祖代与孙代之间代际收入弹性的14.45%，其中教育在祖代与孙代的代际收入传递中所占的比重为12.2621%，健康在祖代与孙代的代际收入传递中所占的比重为2.1866%。从人力资本的解释力来看，整体上东部最高，中部次之，西部最低。具体来说，教育在祖代与孙代之间的代际收入传送贡献率，东

部最高，中部次之，西部最低；而健康在祖代与孙代之间代际收入传递贡献率，中部最高，东部次之，西部最低。这也表明经济越发达的地区，越重视对孙代的人力资本投资，相应地，孙代脱贫的可能性则越大。

从投资系数来看，东部地区孙代获得祖代教育投资的系数为0.3349，而获得祖代健康投资的系数为0.0214；中部地区孙代获得祖代教育投资的系数为0.2137，而获得祖代健康投资的系数为0.0314；西部地区孙代获得祖代教育投资的系数为0.1932，而获得祖代健康投资的系数为0.0123。对比发现，东部地区祖代对孙代的教育投入最大，中部次之，西部最低；中部地区祖代对孙代的健康投资最大，东部次之，西部最低。说明东部地区更重视孙代的教育投资，中部地区更注重孙代的健康投资。

从回报率来看，东部地区祖代与孙代之间，教育的回报率为0.0212，健康的回报率为0.0587；中部地区祖代与孙代之间，教育的回报率为0.0291，健康的回报率为0.0634；西部地区祖代与孙代之间，教育的回报率为0.0319，健康的回报率为0.0892。这说明教育的回报率西部最高，中部次之，东部最低；健康的回报率西部最高，中部次之，东部最低。

表6-2 祖代与孙代之间分区域代际收入弹性的分解结果

		教育程度	健康	可解释比例（%）	其他解释比例（%）
东部	投资系数	0.3349	0.0214	21.34	78.66
	回报率	0.0212	0.0587		
	贡献值	0.0071	0.0013		
	解释比例（%）	18.1273	3.2117		

续表

		教育程度	健康	可解释比例（%）	其他解释比例（%）
中部	投资系数	0.2137	0.0314	17.87	82.13
	回报率	0.0291	0.0634		
	贡献值	0.0062	0.0020		
	解释比例（%）	13.5371	4.3357		
西部	投资系数	0.1932	0.0123	14.45	85.55
	回报率	0.0319	0.0892		
	贡献值	0.0062	0.0011		
	解释比例（%）	12.2621	2.1866		

根据表6-3给出的结果可知，东部地区人力资本约能解释父代与孙代之间代际收入弹性的25.05%，其中教育在父代与孙代的代际收入传递中所占的比重为20.1073%，健康在父代与孙代的代际收入传递中所占的比重为4.9381%；中部地区人力资本约能解释父代与孙代之间代际收入弹性的20.09%，其中教育在父代与孙代的代际收入传递中所占的比重为14.0517%，健康在父代与孙代的代际收入传递中所占的比重为6.0427%；西部地区人力资本约能解释父代与孙代之间代际收入弹性的18.10%，其中教育在父代与孙代的代际收入传递中所占的比重为13.9021%，健康在父代与孙代的代际收入传递中所占的比重为4.1963%。从人力资本的解释力来看，整体上东部最高，中部次之，西部最低。具体来说，教育在父代与孙代之间的代际收入传递贡献率，东部最高，中部次之，西部最低；而健康在父代与孙代之间代际收入传递贡献率，中部最高，东部次之，西部最低。

从投资系数来看，东部地区孙代获得父代教育投资的系数为1.2173，而获得父代健康投资的系数为0.2464；中部地区孙代获得父代教育投资的系数为 0.8932，而获得父代健康投资的系数为 0.1954；西部地区孙代获得父代教育投资的系数为 0.6123，而获得父代健康投资的系数为 0.1067。对比发现，东部地区父代对孙代的教育投入最大，中部次之，西部最低；东部地区父代对孙代的健康投资最大，中部次之，西部最低。说明东部地区更重视孙代的教育和健康投资。

从回报率来看，东部地区父代与孙代之间，教育的回报率为 0.0860，健康的回报率为 0.1044；中部地区父代与孙代之间，教育的回报率为 0.0756，健康的回报率为 0.1485；西部地区父代与孙代之间，教育的回报率为 0.0992，健康的回报率为 0.1719。这说明教育的回报率西部最高，东部次之，中部最低；健康的回报率西部最高，中部次之，东部最低。

表 6-3 父代与孙代之间分区域代际收入弹性的分解结果

		教育程度	健康	可解释比例（%）	其他解释比例（%）
东部	投资系数	1.2173	0.2464	25.05	74.95
	回报率	0.0860	0.1044		
	贡献值	0.1047	0.0257		
	解释比例（%）	20.1073	4.9381		
中部	投资系数	0.8932	0.1954	20.09	79.91
	回报率	0.0756	0.1485		
	贡献值	0.0675	0.0290		
	解释比例（%）	14.0517	6.0427		
西部	投资系数	0.6123	0.1067	18.10	81.90
	回报率	0.0992	0.1719		
	贡献值	0.0608	0.0183		
	解释比例（%）	13.9021	4.1963		

　　综合对比表 6-2 和表 6-3 所显示的结果，我们发现从人力资本的贡献率来看，无论是祖代与孙代之间还是父代与孙代之间，东部地区人力资本贡献率最高，中部次之，西部最低，但相对于祖代与孙代之间的人力资本贡献率而言，父代与孙代之间的人力资本贡献率地区之间的差距正在缩小。

　　具体来说，就对孙代教育投资而言，从教育投资系数来看，东部地区祖代和父代分别对孙代教育投资率最高，中部次之，西部最低，可能的原因是东部地区具有较高的收入水平，故而对孙代教育的投资也越多；从教育回报率来看，西部地区祖代和父代分别对孙代教育投资回报率最高，祖代中部次之，东部最低，父代东部次之，中部最低，这表明通过提高西部地区祖代和父代对孙代教育投资率，则可能是最有效提升孙代收入水平的方式。然而，现实情况是西部地区祖代或父代自身的收入水平并不高，无法对孙代的教育进行足够的投资，这就意味着需要政府的公共教育服务来弥补家庭教育投入不足的问题。此外，祖代与父代对孙代的教育投资系数差异较大，也说明了祖代与父代之间收入水平的差异，也会直接影响对孙代教育投资的影响。

　　就对孙代健康投资而言，从健康投资系数来看，中部地区祖代对孙代健康投资率最高，东部次之，西部最低，而父代对孙代健康投资率最高的是东部，中部次之，西部最低，综合来看，无论是祖代还是父代，相对于教育投资而言，对孙代的健康投资都偏低，且西部地区对孙代的健康投资率是最低的；但从健康回报率来看，西部地区祖代和父代分别对孙代健康回报率最高，中部次之，东部最低，这表明通过提高西部地区祖代和父代对孙代健康投资率，则可能也是一种有效提升孙代收入水平的方式。然而，现实情况是一方面西部地区祖代或父代自身的收入水平并不高，无法对孙代的健康进行足够的投资；另一方面西部地区健康投资的意识较为薄弱，在一定程度上也阻碍了对孙代健康投资。因此，这就意味着需要政府的公共医疗保障服务来弥补家庭健康投入不足的问题，同时要注重引导西部地区居民关注健康投资。

三、不同孙代性别贫困多代际传递机制的分解结果

根据表6-4给出的结果可知，孙子受教育程度在祖代与孙子的代际收入传递中所占的比重为14.7824%，孙子健康在祖代与孙子的代际收入传递中所占的比重为2.8537%，人力资本合计大约解释了祖代与孙子之间代际收入弹性的比例为17.64%；孙女受教育程度在祖代与孙女的代际收入传递中所占的比重为22.3682%，孙女健康在祖代与孙女的代际收入传递中所占的比重为5.1751%，人力资本合计大约解释了祖代与孙女之间代际收入弹性的比例为27.54%。可见，人力资本在祖代与孙女代际收入传递中作用更显著。相对于祖代与孙子而言，教育和健康在祖代与孙女代际传递之间的解释力都较强，分别达到22.3682%和5.1751%。可能的原因是男性孙代一方面自身身体素质优于女性孙代，健康因素在代际传递过程中作用受到影响；另一方面男性孙代就业机会较女性孙代更多，且男性孙代在体力劳动中优势更明显，工资水平也相应较高，教育因素在代际传递过程中也受到一定的影响。

从投资系数来看，孙子获得祖代教育投资的系数为0.3072，而获得祖代健康投资的系数为0.0324；孙女获得祖代教育投资的系数为0.2132，而获得祖代健康投资的系数为0.0187。这表明较孙女而言，祖代都更重视对孙子的教育投资和健康投资。本书第三章相关内容显示孙子教育的均值为2.06，而孙女教育的均值为2.01，健康指标BMI孙子的均值为22，孙女的均值为21.7，进一步验证了本节的结论。相对于健康投资而言，祖代更重视对孙子和孙女的教育投资，祖代对孙子的教

育投资率为孙子健康投资率的 9.48 倍, 祖代对孙女的教育投资率为孙女健康投资率的 11.4 倍。本书认为可能的原因是祖代整体收入偏低, 人力资本投资受约束较大, 导致了教育与健康的投资率失衡严重。

从投资回报率来看, 祖代与孙子之间, 教育的回报率为 0.0232, 健康的回报率为 0.0425; 祖代与孙女之间, 教育的回报率为 0.0454, 健康的回报率为 0.1198。这表明较孙子而言, 祖代对孙女的教育投资回报率和健康投资回报率都高于对孙子的教育投资回报率和健康投资回报率。相对于教育投资回报率而言, 无论是祖代对孙子或孙女投资健康的回报率都高于教育的回报率, 孙子的健康回报率是教育回报率的 1.83 倍, 孙女的健康回报率是教育回报率的 2.64 倍。从投资回报率角度分析结果, 在一定程度上会激励祖代对孙女的教育和健康的投资。

表 6-4　祖代与不同性别孙代之间代际收入弹性的分解结果

		教育程度	健康	可解释比例（%）	其他解释比例（%）
孙子	投资系数	0.3072	0.0324	17.64	82.36
	回报率	0.0232	0.0425		
	贡献值	0.0071	0.0014		
	解释比例（%）	14.7824	2.8537		
孙女	投资系数	0.2132	0.0187	27.54	72.46
	回报率	0.0454	0.1198		
	贡献值	0.0097	0.0022		
	解释比例（%）	22.3682	5.1751		

根据表 6-5 给出的结果可知, 孙子受教育程度在父代与孙子的代际收入传递中所占的比重为 15.2214%, 孙子健康在父代与孙子的代际收入传递中所占的比重为 5.8527%, 人力资本合计大约解释了父代与孙

子之间代际收入弹性的比例为 21.7243%；孙女受教育程度在父代与孙女的代际收入传递中所占的比重为 21.73%，孙女健康在父代与孙女的代际收入传递中所占的比重为 7.2231%，人力资本合计大约解释了父代与孙女之间代际收入弹性的比例为 28.95%。可见，人力资本在父代与孙女代际收入传递中作用更显著。相对于父代与孙子而言，教育和健康在父代与孙女代际传递之间的解释力都更强，分别达到 21.7243%和 7.2231%。

从投资系数来看，孙子获得父代教育投资的系数为 1.1612，而获得父代健康投资的系数为 0.2324；孙女获得父代教育投资的系数为 0.7837，而获得父代健康投资的系数为 0.1401。这表明较孙女而言，父代都更重视对孙子的教育投资和健康投资。本书第三章相关内容显示孙子教育的均值为 2.06，而孙女教育的均值为 2.01，健康指标 BMI 孙子的均值为 22，孙女的均值为 21.7，进一步验证了本节的结论。相对于健康投资而言，父代更重视对孙子和孙女的教育投资，父代对孙子的教育投资率为孙子健康投资率的 5 倍，父代对孙女的教育投资率为孙女健康投资率的 5.59 倍。本书认为可能的原因是父代整体收入不高，对孙代人力资本投资受到的约束较大，导致了教育与健康的投资率失衡严重。

从投资回报率来看，父代与孙子之间，教育的回报率为 0.0667，健康的回报率为 0.1281；父代与孙女之间，教育的回报率为 0.1238，健康的回报率为 0.2302。这表明父代对孙女的教育投资回报率和健康投资回报率都高于对孙子的教育投资回报率和健康投资回报率。相对于教育投资回报率而言，无论是父代对孙子或孙女投资健康的回报率都高于教育的回报率，孙子的健康回报率是教育回报率的 1.92 倍，孙女的健康回报率是教育回报率的 1.86 倍。从投资回报率角度分析结果，在一定程度上会激励父代对孙女的教育和健康的投资。

表 6-5　父代与不同性别孙代之间代际收入弹性的分解结果

		教育程度	健康	可解释比例 （％）	其他解释比例 （％）
孙子	投资系数	1.1612	0.2324	21.07	78.93
	回报率	0.0667	0.1281		
	贡献值	0.0774	0.0298		
	解释比例（％）	15.2214	5.8527		
孙女	投资系数	0.7837	0.1401	28.95	71.05
	回报率	0.1238	0.2302		
	贡献值	0.0970	0.0323		
	解释比例（％）	21.7243	7.2231		

综合对比表 6-4 和表 6-5 所显示的结果，我们发现从人力资本的贡献率来看，无论是祖代与孙代之间还是父代与孙代之间，孙女的人力资本贡献率都最高，但相对于父代与孙女之间的人力资本贡献率而言，祖代与孙女之间的人力资本贡献率更高。从投资系数来看，相对于孙女而言，祖代和父代都更注重对孙子的教育投资和健康投资，但相对于教育投资而言，祖代和父代对孙子的健康投资略显不足，重视程度不够，可能的原因是既有的收入水平有限，限制了祖代或父代对孙子的健康投入。从回报率来看，相对于孙子而言，孙女的教育和健康的回报率都更高，孙女教育的回报率是孙子教育回报率的 1.85 倍，孙女健康的回报率是孙子健康回报率的 1.80 倍；相对于教育投资回报率而言，无论是孙子还是孙女的健康投资回报率都更高。

本章小结

本章在第五章收入流动性估计的基础上，基于第四章形成的农村贫困居民三代配对样本，进一步探讨多代际间贫困传递机制，并检验健康和教育分别对贫困代际传递的作用。具体而言，本章通过利用 Blanden 代际收入传递机制的分解方法，分解农村贫困居民代际收入流动性估计的结果，实证检验贫困多代际传递的理论模型结果，并从不同角度分解教育、健康在代际传递过程中的作用，探索促进农村贫困居民收入向上流动的路径，为阻断贫困代际传递提供理论依据和下一章政策建议部分奠定了基础。与以往的相关研究比较（方鸣，2010；陈琳，2012；陈杰，2015），本书研究结论具有一定的可靠性。本章发现人力资本对于农村贫困居民代际收入流动性具有较强的解释力，教育与健康在祖代与孙代、父代与孙代的代际收入传递过程中扮演着重要的角色。通过从人力资本的两个维度对农村居民多代际收入弹性的分解，本章主要的研究结论如下。

第一，从人力资本在贫困代际流动性解释力的占比来看，无论是东部地区还是中部地区或西部地区，抑或是孙代为孙子或孙女，相对于祖代而言，父代与孙代之间的代际收入传递过程中人力资本的解释力更强些，其贡献率呈现出逐代增长的趋势；相对于孙代健康而言，孙代教育对祖代与孙代或父代与孙代之间的代际收入传递的贡献率更高。这说明人力资本的贡献率受到祖代、父代的收入水平直接影响，收入水平较高的父代对孙代人力资本投资则越高，孙代人力资本的作用则越明显。此外，对于孙代而言，人力资本受到祖代、父代的投资越多，自身收入则更有可能向上流动，摆脱祖代、父代的贫困状态。

第二，从区域差异来看，无论是祖代与孙代之间还是父代与孙代之间，东部地区人力资本贡献率最高，中部次之，西部最低，但相对于祖代与孙代之间的人力资本贡献率而言，父代与孙代之间的人力资本贡献率地区之间的差距正在缩小；东部地区祖代和父代分别对孙代教育投资率最高，中部次之，西部最低；中部地区祖代对孙代健康投资率最高，东部次之，西部最低，而父代对孙代健康投资率最高是东部，中部次之，西部最低，综合来看，无论是祖代还是父代，相对于教育投资而言，对孙代的健康投资都偏低，且西部地区对孙代的健康投资率是最低的；但西部地区祖代和父代分别对孙代教育和健康投资回报率最高，中部次之，东部最低。这也表明，一方面经济越发达的地区，祖代、父代相对于经济落后地区收入较高，受到的约束较少，越重视对孙代的人力资本投资，相应地，孙代脱贫的可能性则越大；另一方面对孙代人力资本投资的意愿存在地区差异，可能的原因是对孙代人力资本投资回报的周期较长，导致经济落后地区的祖代、父代对孙代人力资本投资意愿不强。

第三，从孙代性别差异来看，无论是祖代与孙代之间还是父代与孙代之间，孙女的人力资本贡献率都最高，但相对于父代与孙女之间的人力资本贡献率而言，祖代与孙女之间的人力资本贡献率更高；祖代和父代都更注重对孙子的教育投资和健康投资，但孙女的教育和健康投资回报率较孙子的教育和健康投资回报率更高。这表明，一方面祖代、父代更重视男性孙代的人力资本投资；另一方面男性孙代自身优势导致收入向上流动的可能性较大，可能的原因是男性孙代自身身体素质优于女性孙代，健康因素在代际传递过程中的作用受到影响；男性孙代就业机会较女性孙代更多，且男性孙代在体力劳动中优势更明显，工资水平也相应较高，教育因素在代际传递过程中也受到一定的影响。

第七章　主要结论与政策建议

第一节　主要结论

　　贫困代际传递已成为学界和政府关注的热点问题，贫穷并不可怕，可怕的是一时的贫穷转化为家庭中跨代的贫穷，甚至一直陷入到贫困的陷阱中；因此阻断贫困的代际传递，实现贫困居民收入跨代向上流动，成为精准扶贫的首要目标。关于贫困代际传递的相关研究已有一些，但大多数研究仅仅只关注了两代人之间的贫困代际传递，缺乏对农村贫困居民多代际收入流动性及其内在传递机制的关注。由此，本书构建人力资本视角的理论模型阐述了农村贫困居民祖代、父代和孙代多代际收入流动性问题。研究内容总体上分为三部分：一是理论分析，梳理国内外关于贫困代际传递的相关研究，构建贫困多代际传递理论模型；二是测度分析，对三代配对样本进行贫困识别，并描述了我国农村居民贫困多代际传递的现状，形成农村贫困居民三代配对样本；三是实证分析，对农村贫困居民的多代际流动性进行估计，并利用中间因素法对农村贫困居民多代际收入传递机制进行分解。综合以上分析，本书的主要内容与结论如下。

　　（1）构建了贫困多代际传递理论模型。本书是基于 Becker 和

Tomes（1979）的代际收入流动性理论模型，构建了一个贫困多代际传递理论模型。该模型是在原有父代与子代两代人代际收入流动性理论模型的基础上，进一步推导了影响祖代、父代和孙代三代间收入流动性的人力资本理论模型，分析了在人力资本视角下教育、健康等生命周期过程中的人力资本投资，是如何影响农村贫困居民收入流动性以及如何在多代际间产生影响的。理论模型推导的结果证实三代间存在贫困代际传递，若孙代和父代之间边际收入弹性大于 0，孙代与祖父代之间的边际收入弹性小于 0，表明有可能祖代与孙代贫困不转移。此外，将 Becker 和 Tomes 的理论模型拓展到三代人之间的代际收入流动性测度，同样会面临已有研究所证实的，在估计代际收入弹性的过程中，存在许多计量偏误的问题，如内生性偏误、生命周期偏误、样本选择性偏误等。由此，本书采用了双样本两阶段最小二乘法测度农村贫困居民多代际收入弹性，力求克服代际收入弹性估计结果的计量偏误问题。

（2）三代配对样本的贫困测度分析。利用 CHNS 数据配对同一家庭三代人的主样本和估算"潜在祖代""潜在父代"的 CHIP 辅样本，在不同的贫困标准下，测度三代配对主样本农村居民的贫困状况。本部分首先根据明瑟收入方程，利用 CHIP 辅样本估算出主样本中"潜在祖代""潜在父代"各自的收入；然后通过设立的贫困线标准，识别出农村居民的贫困状况；最后剔除主样本中非贫困的三代配对样本，形成农村贫困居民三代配对样本。主要结论如下：

第一，祖代、父代的收入水平受到人力资本、职业和出生年代的影响。利用 CHIP 辅样本的数据，结合第二章理论分析部分构建的明瑟收入方程，本书估计出影响"潜在祖代""潜在父代"的个体特征变量，如表 4-1 所示。结果显示就教育而言，受教育水平越高，则个体的收入越高。其中，接受中等教育的祖代较接受中等教育的父代而言，中等教育对祖代收入的影响更大，这也说明祖代普遍受教育程度较低，祖代中个体受教育程度对其收入的影响大；父代中接受初等教育与中等教育对个体的收入影响差异不大，说明父代整体上受教育水平较高。就职业而言，职业不同，则收入存在差异。总体上来说，从事脑力劳动为主的个体收入显著性地比从事体力劳动为主的个体高。对比祖代和父代收入方程发现，职业变量的系数估计值父代高于祖代，这说明父代对职业收入的依赖性大于祖代。无论是祖代还是父代，都呈现出出生年代越晚，收入越高的趋势。说明经济水平发展越好，就业机会多，工资水平也相应提升，对个体的收入影响则越大。

第二，不同贫困线影响着农村居民的贫困状态。本书根据中国扶贫办 2011 年确定的新国家扶贫标准，将其折算到 2014 年，绝对贫困的标准为 2610.14 元/年；相对贫困则根据三代配对主样本中祖代、父代和孙代各代收入的中位数 50%设定。结果显示，祖代、父代和孙代的相对贫困线呈现出增长趋势，这说明随着经济发展水平的提高，农村居民的收入水平整体上得到提升，其中孙代的收入水平相对于祖代和父代而言，收入得到大幅的提升；祖代和父代的相对贫困线低于绝对贫困线。这表明有部分祖代、父代即使处于绝对贫困的群体中，但相对于这个群体而言，他们仍然可以被看作相对富裕的阶层。而孙代的相对贫困线均高于绝对贫困线，也就是说即使高于绝对贫困线的居民中也可能是相对贫困阶层。

第三，农村居民的贫困发生率和贫困代际传递比重。从贫困发生率的角度分析结果可知，整体上农村居民的贫困发生率：绝对贫困发生率呈现出祖代、父代和孙代逐代下降的趋势，且祖代绝对贫困发生率最高，父代次之，孙代最低，结合描述统计部分可知，祖代、父代和孙代人力资本存量逐步提高，贫困的发生率则逐步下降，说明人力资本的存量越低，则越容易陷入贫困；相对贫困发生率也呈现出祖代、父代和孙代逐代下降的趋势，且祖代相对贫困发生率最高，父代次之，孙代最低；祖代的绝对贫困发生率高于相对贫困发生率，而父代和孙代的绝对贫困发生率低于相对贫困发生率，说明我国农村居民收入水平显著增长，扶贫工作成效显著。不同区域的农村居民贫困发生率：西部地区祖代、父代和孙代的绝对贫困率最高，中部地区次之，东部地区最低，绝对贫困发生率呈现出由西向东梯度递减的状况，且中部地区和西部地区祖代和父代的绝对贫困发生率均高于三代配对样本整体上的绝对贫困发生率；西部地区祖代、父代和孙代的相对贫困率最高，中部地区次之，东部地区最低，相对贫困发生率呈现出由西向东梯度递减的状况。综合贫困发生率可知，虽然绝对贫困在减少，但是社会内部的收入分配的差距在加剧，低于社会收入中位数 50% 的群体规模越来越大，相对贫困愈加明显，且地区间差异愈发显著。不同孙代性别的农村居民贫困发生率：孙代为男性的三代配对样本与孙代为女性的三代配对样本相比，孙代为女性的三代配对样本各代的绝对贫困发生率高于孙代为男性的三代配对样本各代的绝对贫困发生率，但孙代为男性的三代配对样本各代的相对贫困发生率高于孙代为女性的三代配对样本各代的相对贫困发生率，说明男性孙代之间的贫富差距较女性孙代之间更大。

从农村居民贫困代际传递的角度分析结果可知，相对于祖代而言，当父代处在绝对贫困或相对贫困状态时，无论是绝对贫困的代际传递还是相对贫困的代际传递，孙代陷入绝对贫困或相对贫困状态的比重呈现出上升的趋势。总体来说，无论是绝对贫困代际传递还是相对贫困代际传递，孙代与父代之间贫困代际传递比重更大，这也说明了相对于祖代贫困而言，孙代摆脱贫困的可能性更大，贫困的祖代与孙代代际间传递现象有所改善，相对贫困的父代相对于绝对贫困的父代而言，前者孙代摆脱相对贫困难度更小；孙女相对于孙子而言陷入绝对贫困的概率更大，脱困难度更大；父代处于相对贫困状态时，相对于孙女而言，孙子更容易陷入相对贫困状态，且孙子同代中高收入人群多。

（3）三代配对样本中农村居民贫困代际传递实证分析。以人力资本视角考察农村居民贫困多代际传递问题，重点考察三代人的代际间收入流动性，揭示出祖代、父代与孙代多代际间的内在影响机制。基于第四章所形成的农村贫困居民三代配对的样本，分析了同一家庭中祖代、父代与孙代之间的贫困代际间流动情况，探讨多代际间贫困传递机制，并检验健康和教育分别对贫困代际传递的作用。通过考察农村贫困居民多代际间的代际收入弹性变化，分析三代人之间的收入流动性及其内在传递机制，不仅关乎一个微观家庭自身的发展前景，而且有利于扶贫工作的有效性、精准性，帮助我们阻断贫困的多代际传递。主要结论如下。

第一，农村居民代际间存在着贫困传递，但祖代与孙代之间存在贫困代际传递中断的现象。本部分基于第二章构建的贫困多代际传递理论模型，运用双样本两阶段最小二乘法的计量方法，估算出了祖代与孙代、父代与孙代之间的代际收入弹性，结果显示祖代对孙代收入的影响是负向关系且影响程度小，而父代对孙代收入的影响是正向关系，相对于祖代而言，父代对孙代收入的影响程度更大。这背后的原因可能是，本书祖代、父代与孙代三代配对样本的数据源自CHNS1989—2015年之间的微观调查数据，这一时间段正好处于中国改革开放的重要发展时期，伴随着我国经济的快速发展，城市创造出大量的就业机会，一方面相对于祖代而言，父代劳动力大规模向城市流动，获得更多的就业机会，收入得到迅速的提高；另一方面孙代在寻找非农就业机会中，又会受到父代的直接影响，给予孙代更多的帮助，可能直接影响到孙代的非农岗位的选择和收入的获取，从而带来了代际收入流动性的提高，在这一过程中祖代相对于父代而言，对孙代的影响可能很小。

　　第二，不同群体多代际收入流动性存在差异。从不同地区来看，祖代对孙代收入的影响呈现出由西向东逐渐减弱的状况，这说明地区经济发展水平越高，祖代对孙代收入的影响则越弱，可能的原因是地区经济发展水平意味着就业机会多，孙代成年后通过自身的努力拥有的就业机会更多，工资性收入的提升更明显；父代对孙代收入的影响呈现出由东向西逐渐减弱的状况，这说明地区经济发展水平越高，父代对孙代收入的影响反而越大。整体上看，中西部地区的代际收入流动性较低，孙代受到祖代、父代的影响较大，且依赖性则较强。从不同的孙代性别来看，贫困的多代际收入弹性呈现出孙代性别上的差异，结果表明孙子较孙女而言，在祖代、父代贫困、资源相对有限的情况下，祖代、父代更重视对男性孙代的培养，忽视对女性孙代的培养，从而造成了男性孙代受到祖代、父代的影响更大，则祖代与孙子、父代与孙子之间代际收入流动性较低，但祖代与孙代之间的贫困代际传递中断的现象不存在性别差异。

　　第三，祖代、父代各自与孙代代际收入弹性会随着孙代收入分位点的变化。为了揭示出多代际收入传递程度是否受到孙代收入水平的变化而产生不同的影响，本书通过无条件分位数回归的方法考察孙代在不同收入分布上的代际收入弹性。结果显示，父代与孙代之间的代际收入弹性呈现出先随着分位点提高而上升，达到顶点后再随着分位点的提高而下降的倒"U"形的变化趋势。而祖代与孙代之间呈现出"U"形的变化趋势，祖代与孙代之间代际收入弹性呈现出先随着分位点提高而下降，达到底部后再随着分位点的提高而上升的"U"形的变化趋势。总体而言，整体上处于孙代收入两端分位点的代际收入弹性系数绝对值小于中间分位点的代际收入弹性系数绝对值，处于中间收入分位点的孙代受祖代、父代影响较大，则对祖代、父代的依赖性较强，可能的原因是孙代一般处于中间收入分位点时，自身能力或资源对于突破自身发展瓶颈略显不足，因此外部资源的供给对其影响较大。

第四，人力资本对于农村贫困居民代际收入流动性具有较强的解释力，教育与健康在祖代与孙代、父代与孙代的代际收入传递过程中扮演着重要的角色。利用 Blanden 代际收入传递机制的分解方法，揭示了农村贫困居民多代际收入流动性背后的作用机制。结果显示，无论是东部地区还是中部地区或西部地区，抑或是孙代为孙子或孙女，相对于祖代而言，父代与孙代之间的代际收入传递过程中人力资本的解释力更强些，其贡献率呈现出祖代到父代逐代增长的趋势；相对于孙代健康而言，孙代教育对祖代与孙代或父代与孙代之间的代际收入传递的贡献率更高。

第五，不同群体的多代际传递机制存在差异。从区域差异来看，无论是祖代与孙代之间还是父代与孙代之间，东部地区人力资本贡献率最高，中部次之，西部最低，但相对于祖代与孙代之间的人力资本贡献率而言，父代与孙代之间的人力资本贡献率地区之间的差距正在缩小；东部地区祖代和父代分别对孙代教育投资率最高，中部次之，西部最低；中部地区祖代对孙代健康投资率最高，东部次之，西部最低，而父代对孙代健康投资率最高是东部，中部次之，西部最低，综合来看，无论是祖代还是父代，相对于教育投资而言，对孙代的健康投资都偏低，且西部地区对孙代的健康投资率是最低的；但西部地区祖代和父代分别对孙代教育和健康投资回报率最高，中部次之，东部最低。从孙代性别差异来看，无论是祖代与孙代之间还是父代与孙代之间，孙女的人力资本贡献率都最高，但相对于父代与孙女之间的人力资本贡献率而言，祖代与孙女之间的人力资本贡献率更高；祖代和父代都更注重对孙子的教育投资和健康投资，但孙女的教育和健康投资回报率较孙子的教育和健康投资回报率相比更高。

（4）研究的不足与展望。在本书研究基础上，我们认为进一步可研究的内容包括：一是继续研究不同收入群体的收入流动性的差异。本书只关注了孙代不同收入分位上收入流动性的差异，未来可以进一步研究祖代、父代不同收入分位点上对孙代收入的影响。二是本书采取双样本配对的截面数据，未来可以考虑用面板数据考察多代际收入流动性，甚至是考察婴幼儿时期的人力资本投资，如父母照料陪伴、婴幼儿营养投入等对孙代教育和健康的投资。三是本书仅仅关注绝对贫困的多代际收入传递情况，然而，随着国家扶贫工作的进一步推动，未来绝对贫困现象会越来越少，相对贫困可能会随着收入不平等的原因逐渐增加，我们认为未来可以考察相对贫困的代际传递现象以及内在作用机制。四是本书仅仅只关注了农村贫困居民的代际传递问题，未来可以考虑对城乡贫困居民收入流动性进行比较，可能影响城乡之间收入流动性的因素和作用机制存在差异，需要我们进一步进行分类研究。五是进一步挖掘贫困代际传递其他解释机制，本书重点关注在同一家庭里，祖辈、父辈对孙辈的人力资本投资状况及其所引起的孙辈收入的变化情况，并未将宏观层面的公共政策、社会制度等因素纳入到分析框架中，未来的研究可以进一步关注其他变量的作用机制，如职业、公共教育支出等中间变量。

第二节　政策建议

阻断贫困代际传递是当前政府扶贫工作的努力方向。本书研究发现，随着我国扶贫工作的稳步推进，农村地区绝对贫困人群大量减少，但是，绝对贫困的消除并不代表农村地区贫困的消除，有可能会出现跨代返贫，甚至是多代间一直贫困的情况。因此，研究农村居民贫困代际传递及其内在传递机制问题，不仅具有非常重要的意义，而且能够为我们制定相关的扶贫政策提供依据，进而将现有的"精准扶贫"转为"精准阻贫"。主要的政策建议如下。

（1）多渠道提高祖代、父代收入，减小农村贫困居民人力资本投资约束。根据本书研究结论，一是对孙代人力资本投资受到祖代、父代自身收入的约束；二是教育、职业等因素又直接影响着祖代、父代的收入。因此，对于祖代、父代来说，多途径提升祖代、父代收入，是促进其对孙代人力资本投资的关键。

第一，引导农村贫困居民转变思想，激发贫困居民脱贫积极性。本书认为，提高农村贫困居民收入水平首先应激励贫困居民转变思想。基层扶贫工作人员要引导贫困居民去除思想上"等、靠、要"，激励他们改变现状，积极进取，勇于与贫困作斗争，这种精神不仅有助于破解祖代、父代贫困的僵局，而且会激励孙代奋发图强，保持积极的生活与学习态度。

第二，加强农村贫困居民的职业技能培训，提高祖代、父代自身的就业能力。根据本书的研究发现，祖代、父代整体上受教育程度不高，大多数只是接受了初、中等教育，且大多数从事着体力劳动。然而，随着我国经济的快速发展，高新技术在第一产业、第二产业中，技术与工业、技术与农业的融合也越来越紧密，这一现状也造成了农村贫困居民自身知识水平与之不匹配。因此，在祖代、父代既定的教育水平下，应加强对农村贫困居民中祖代、父代的职业技能培训，是时代发展所需，当地政府应结合当地农民自身需要和市场需求，因地制宜、因人而异地对农村劳动力进行技能培训，使他们有一技之长，提高就业能力，进而大幅提升农村贫困居民中祖代、父代的收入，从而阻断贫困多代际传递。

第三，抓住乡村振兴战略的历史机遇，缩小区域间农民就业差距。本书研究结论发现，不同区域农村居民贫困发生率以及多代际收入传递均存在差异，造成这一现象的原因有很多，其中最显著的原因可能是区域间经济发展不均衡，农民就业机会少，许多农民被限制在土地上，人力资本要素得不到释放，直接影响农民居民的收入。因此，在乡村振兴战略实施的背景下，政府一方面要通过培育家庭工场、手工作方、乡村车间等各类经营主体为农民提供更多的就业岗位；另一方面要激活农村经济活力，以精准扶贫为契机，引导农村地区拥抱互联网，拓宽农民增收的渠道，如"互联网+特色农产品""农村淘宝"等。当地政府要在乡村振兴的背景下，以为农民提供更多的就业岗位和拓宽农民增收的渠道为抓手，进一步促进农民收入的增长，尤其贫困居民的收入，做到扶贫不仅"扶智"，而且增收"阻贫"。此外，进一步释放农民的生产要素，如"土地入股"等形式，激活农民内在的发展动力，将"要我脱贫"转变为"我要脱贫"。

（2）优化农村教育供给，精细化配置农村教育资源。本书研究发现，人力资本积累是影响多代际收入弹性的重要因素，而教育又是影响多代际收入流动性的重要机制。基于此，本书认为提高孙代教育水平是阻断贫困代际传递重要手段。主要从以下几个方面展开。

第一，优化农村居民教育结构，提升农村居民人力资本存量。本书研究发现，教育人力资本是影响个体收入重要变量，也是贫困代际传递重要的中间变量，但样本反映出农村居民整体上受教育程度较低。而教育又是贫困人口脱贫的最重要的途径之一（世界银行，2003）。由此我们认为首先是要保障农村贫困居民接受义务教育的机会，通过进一步加大农村义务教育的投资，为农村家庭提供更多减免学费、提供更多受教育的机会。其次，在继续巩固初等教育发展的基础之上，应加大力度发展和普及中等教育、高等教育，提高农村贫困学子接受职业教育、高等教育的补助力度，让更多的贫困学子能接受到更高层次的教育，增加知识存量，尤其是西部地区农村贫困居民，进一步优化农村居民的教育结构。

第二，优化农村基础教育供给，推进现代信息技术应用。教育扶贫已成为阻断贫困代际传递的良方，但是当前阶段仍旧以"大水漫灌"式为主，如提高贫困地区教育经费水平等方式，忽视农村或贫困地区教育优质资源匮乏、教育方式相对陈旧等现实问题。因此，我们认为首先要提升教育资源质量。教育管理部门应根据当地实际情况，由省级部门统筹协调，市级部门执行对已有的优质教育资源进行整合，并实现优质资源与县级及以下单位共享，最大限度地发挥教育阻贫作用。其次，借助新媒介工具，发挥优质教育资源的引领作用。农村贫困居民当前对教育的需求已由过去能否上学，变为对优质、丰富的教育资源的需求，大多数农村地区，尤其是西部农村地区，教师综合素质、学校硬件条件等多方面是无法满足这类需求的。基于此，一方面通过互联网等远程教育手段，促进优质的数字教育资源输送到农村学校；另一方面通过提高农村教育信息化水平，利用新媒介（微信等）推动优质教育资源的传播，满足农村居民孙代教育个性化的需求，提升孙代个体综合能力，发挥现代信息技术在教育精准阻贫的作用。最后，提高教育管理人员的管理能力，一方面适应信息化建设工作的要求；另一方面提升学校的标准化和规范化水平。

第三，完善教育资助体系，高效推动教育的精准扶贫。我国学生资助政策体系已经实现"三个全覆盖",即各个教育阶段(不包含学前教育)全覆盖、公办民办学校全覆盖、家庭经济困难学生全覆盖。贫困学生无论处于哪一受教育阶段、哪所学校、身处何地,都能得到相应的资助。农村学生在求学中遇到经济问题,已经可以通过政府、社会的多种途径来解决,而不是把家庭当作唯一的依靠。但农村地区学前教育缺位较严重,尤其是对贫困家庭的儿童学前教育资助得不到足够重视,地方政府要将教育扶贫的范围扩大到贫困家庭儿童的学前教育,进一步完善教育资助体系,帮助贫困家庭儿童接受学前教育。

(3)提高健康人力资本投资意识,促进贫困人口健康素质的显著提高。本书研究发现,农村贫困居民大多数从事体力劳动,健康对于农村贫困居民来说至关重要,再者,健康人力资本是贫困多代际传递的重要的中介变量。基于此,为了改善我国农村居民贫困多代际传递的程度,我们提出以下几个方面建议:

第一,加大对健康理念的宣传力度,提高农村贫困居民的健康意识。在一定程度上教育水平的高低决定了个体健康意识的强弱(汪诗萍等,2015),而书中结果反映出农村居民教育程度普遍不高,健康意识淡薄。因此,普及基本的健康知识显得尤为重要。首先,健康是其他人力资本发挥作用的前提;其次,树立农村贫困居民中祖代、父代科学健康理念,是提高其对孙代健康人力资本投资水平的重要途径;最后,提高农村贫困居民健康意识,在一定程度上减少"因病返贫"的悲剧发生概率,缓解健康导致的贫困多代际传递。

第二,积极推进农村营养改善计划,提高农村贫困家庭学生营养健康水平。贫困家庭中祖代、父代对孙代健康人力资本投资受到自身收入水平的限制,农村营养改善计划作为提高农村学生尤其是贫困地区和家庭经济困难学生健康水平的重要补充,显得意义重大(罗仁福等,

2017）。该计划自 2011 年实施以来，试点地方逐渐扩大，相关部门要进一步扩大试点范围，争取对所有贫困家庭的适龄学生全覆盖。同时，要进一步加强对"营养餐"监督管理，避免"问题营养餐"的反复出现，切实地改善农村贫困学生营养，将其作为提高农村贫困学生健康水平的重要途径。

第三，优化农村医疗保障的供给结构，提高医疗保障救助水平。首先，公共财政要加大对农村地区转移支付的力度，加强对农村地区公共医疗事业的投入与扶持，更新相应的医疗设备，提高医疗人员的综合素质，为农村广大贫困居民提供及时、匹配度高、质量优的预防与诊疗服务。其次，要提高贫困居民医疗报销比例，尤其是基层医院的报销比例，缓解农村贫困居民的经济压力。再次，通过现代信息技术精细化管理农村贫困居民健康问题。建立患大病贫困居民的健康信息电子档案，实现一人一档，根据实时信息更新情况，基层医疗单位提供相应的医疗保障工作，做到精准扶贫，减少"因病返贫"、健康问题影响下一代身体健康等情况的发生。最后，推进农村"送健康工程"的实施，预防农村贫困居民重大疾病的发生。通过公共财政的转移支付和公益性基金共同投入，为农村贫困居民送体检、送免费医疗等活动，提前预防农村贫困居民的重大疾病，提高农村贫困居民健康水平。

（4）加强对女性儿童的关注，保障女性获得人力资本投资的平等待遇。本书研究发现，不同性别的孙代获得教育和健康的投资水平是不平等的。祖代和父代一般会将更多的收入或资源投资于男性孙代的教育和健康之中，女性可能得不到足够的重视而出现营养不足、辍学较早等情况，进而造成孙代性别间多代际传递存在差异。基于此，我们建议：首先，政府有针对性地进行宣传，改变农村地区传统的"重男轻女"

思想；其次，政府通过立法等形式保障农村地区女性儿童平等享受教育的权益，提高其人力资本存量，避免再次陷入贫困；最后，积极拓宽女性就业渠道，提高工资性收入水平，加强女性自身对其教育和健康投资的意愿。

参 考 文 献

［印度］阿马蒂亚·森：《贫困与饥荒》，王宇、王文玉译，商务印书馆2004年版。

奥迪·海根纳斯、克拉斯·德沃斯：《贫困的定义及测定》，张宏性译，《统计研究》1991年第2期。

程永宏：《改革以来全国总体基尼系数的演变及其城乡分解》，《中国社会科学》2007年第4期。

陈杰、苏群：《我国居民代际收入传递机制研究》，《江西社会科学》2015年第5期。

陈杰、苏群、周宁：《农村居民代际收入流动性及传递机制分析》，《中国农村经济》2016年第3期。

陈琳：《中国代际收入流动性的实证研究：经济机制与公共政策》，复旦大学博士学位论文，2011年。

陈琳、袁志刚：《授之以鱼不如授之以渔？——财富资本、社会资本、人力资本与中国代际收入流动》，《复旦学报（社会科学版）》2012年第4期。

陈琳、袁志刚：《中国代际收入流动性的趋势与内在传递机制》，《世界经济》2012年第6期。

陈琳、葛劲峰：《不同所有制部门的代际收入流动性研究——基于劳动力市场分割的视角》，《当代财经》2015年第2期。

陈强编著：《高级计量经济学及Stata应用》（第二版），高等教育出版社2016年版。

陈钊、陆铭、佐藤宏：《谁进入了高收入行业？——关系、户籍与生产率的作用》，《经济研究》2009年第10期。

陈立中、张建华：《经济增长、收入分配与减贫进程间的动态联系——来自中国农村的经验分析》，《中国人口科学》2007年第1期。

池振合、杨宜勇：《贫困线研究综述》，《经济理论与经济管理》2012年第7期。

邱玉娜：《代际流动、教育收益与机会平等——基于微观调查数据的研究》，《经济科学》2014年第1期。

方鸣、应瑞瑶：《中国农村居民代际收入流动性研究》，《南京农业大学学报（社会科学版）》2010年第2期。

方鸣、应瑞瑶：《中国城乡居民的代际收入流动及分解》，《中国人口·资源与环境》2010年第5期。

封岩、柴志宏：《健康人力资本对经济增长的影响》，《经济与管理研究》2016年第2期。

冯皓、陆铭：《通过买房而择校：教育影响房价的经验证据与政策含义》，《世界经济》2010年第12期。

高艳云、王曦璟：《中国代际收入流动特点及变迁——基于收入分布分解的视角》，《财经科学》2017年第1期。

郭丛斌、闵维方：《中国城镇居民教育与收入代际流动的关系研究》，《教育研究》2007年第5期。

郭劲光：《我国贫困人口的脆弱度与贫困动态》，《统计研究》2011年第9期。

韩军辉：《基于面板数据的代际收入流动研究》，《中南财经政法大学学报》2010年第4期。

何石军、黄桂田：《中国社会的代际收入流动性趋势：2000—2009》，《金融研究》2013年第2期。

黄潇：《如何预防贫困的马太效应——代际收入流动视角》，《经济管理》2014年第5期。

胡洪曙、亓寿伟：《中国居民家庭收入分配的收入代际流动性》，《中南财经政法大学学报》2014年第2期。

何晓群编著：《多元统计分析》（第四版），中国人民大学出版社2015年版。

贾喻杰：《影响我国农村劳动力就业的因素及对策》，《新西部（理论版）》2014年第1期。

李长健、胡月明：《城乡贫困代际传递的比较研究》，《财经问题研究》2017年第3期。

李翠锦、李万明：《家庭特征、村庄特征与新疆农村动态贫困》，《新疆大学学报（哲学·人文社会科学版）》2015年第1期。

李任玉、杜在超、何勤英、龚强：《富爸爸、穷爸爸和子代收入差距》，《经济学（季刊）》2015年第1期。

李云森、齐豪：《中国农村教育的代际因果关系——基于1970年代农村基础教育普及政策的研究》，《世界经济文汇》2011年第4期。

李实、古斯塔夫森：《八十年代末中国贫困规模和程度的估计》，《中国社会科学》1996年第6期。

李善乐：《中国居民代际收入流动性的影响机制研究》，东北财经大学经济学院博士学位论文，2017年。

李雅楠:《家庭收入是否影响子女教育水平——基于 CHNS 数据的实证研究》,《南方人口》2012 年第 4 期。

林闽钢、张瑞利:《农村贫困家庭代际传递研究——基于 CHNS 数据的分析》,《农业技术经济》2012 年第 1 期。

龙翠红、王潇:《中国代际收入流动性及传递机制研究》,《华东师范大学学报（哲学社会科学版）》2014 年第 5 期。

罗楚亮:《农村贫困的动态变化》,《经济研究》2010 年第 5 期。

罗楚亮:《经济增长、收入差距与农村贫困》,《经济研究》2012 年第 2 期。

罗仁福、王天仪、张林秀、白云丽:《从脱贫到贫困预防——基于贫困代际传递和儿童早期发展视角》,《科技促进发展》2017 年第 6 期。

吕光明、李莹:《中国居民代际收入弹性的变异及影响研究》,《厦门大学学报（哲学社会科学版）》2017 年第 3 期。

卢盛峰、陈思霞、张东杰:《公共服务机会与代际间职业流动——基于非血亲父子（女）配对数据的实证分析》,《经济科学》2015 年第 2 期。

马文武、杨少垒、韩文龙:《中国贫困代际传递及动态趋势实证研究》,《中国经济问题》2018 年第 2 期。

孟昭杰:《安徽农村贫困问题研究》,《调研世界》1996 年第 1 期。

亓寿伟:《中国代际收入传递趋势及教育在传递中的作用》,《统计研究》2016 年第 5 期。

孙三百、黄薇、洪俊杰:《劳动力自由迁移为何如此重要?——基于代际收入流动的视角》,《经济研究》2012 年第 5 期。

童星、林闽钢:《我国农村贫困标准线研究》,《中国社会科学》1994 年第 3 期。

童星:《贫困的演化、特征与贫困治理创新》,《山东社会科学》2018 年第 3 期。

王爱君、肖晓荣:《家庭贫困与增长:基于代际传递的视角》,《中南财经政法大学学报》2009 年第 4 期。

王春超、李淑贞:《论当代中国家庭多代间的职业流动》,《华中师范大学学报（人文社会科学版）》2017 年第 3 期。

王朝明、胡棋智:《中国收入流动性实证研究——基于多种指标测度》,《管理世界》2008 年第 10 期。

王海港:《中国居民家庭的收入变动及其对长期平等的影响》,《经济研究》2005 年第 1 期。

王美今、李仲达:《中国居民收入代际流动性测度——"二代"现象经济分析》,《中山大学学报（社会科学版）》2012 年第 1 期。

王甫勤:《人力资本、劳动力市场分割与收入分配》,《社会》2010 年第 1 期。

王小林、Sabina Alkire:《中国多维贫困测量:估计和政策含义》,《中国农村经济》2009 年第 12 期。

王学龙、袁易明：《中国社会代际流动性之变迁：趋势与原因》，《经济研究》2015年第9期。

王弟海：《健康人力资本、经济增长和贫困陷阱》，《经济研究》2012年第6期。

汪三贵：《中国农村贫困标准及低保对象》，《中国社会保障》2007年第12期。

汪为、吴海涛、彭继权：《农村家庭多维贫困动态性及其影响因素研究——基于湖北数据的分析》，《中南财经政法大学学报》2018年第1期。

汪诗萍、袁文平、宋莎莎：《营养健康与中国农村贫困代际传递》，《安徽农业科学》2015年第21期。

魏颖、郭建萍：《基于传递函数模型的城乡消费差距分析》，《现代农业》2009年第3期。

吴愈晓：《劳动力市场分割、职业流动与城市劳动者经济地位获得的二元路径模式》，《中国社会科学》2011年第1期。

肖佑恩、魏中海、王齐庄、易法海：《关于大别山地区贫困标准定量分析的简要报告》，《中国科技论坛》1989年第1期。

邢春冰：《中国农村非农就业机会的代际流动》，《经济研究》2006年第9期。

谢立峰：《如何确定贫困标准？》，《统计》1987年第1期。

谢婷婷、司登奎：《收入流动性、代际传递与农村反贫困——异质性视角下新疆30个贫困县的实证分析》，《上海财经大学学报》2014年第1期。

徐俊武、易祥瑞：《增加公共教育支出能够缓解"二代"现象吗？——基于CHNS的代际收入流动性分析》，《财经研究》2014年第11期。

徐俊武、张月：《子代受教育程度是如何影响代际收入流动性的？——基于中国家庭收入调查的经验分析》，《上海经济研究》2015年第10期。

徐晓红：《中国城乡居民收入差距代际传递变动趋势：2002—2012》，《中国工业经济》2015年第3期。

徐晓红、曹宁：《部门分割视角下的收入差距代际传递变动趋势》，《贵州财经大学学报》2018年第3期。

阳义南、连玉君：《中国社会代际流动性的动态解析——CGSS与CLDS混合横截面数据的经验证据》，《管理世界》2015年第4期。

杨立雄、谢丹丹：《"绝对的相对"，抑或"相对的绝对"——汤森和森的贫困理论比较》，《财经科学》2007年第1期。

杨新铭、邓曲恒：《城镇居民收入代际传递现象及其形成机制——基于2008年天津家庭调查数据的实证分析》，《财贸经济》2016年第11期。

杨亚平、施正政：《中国代际收入传递的因果机制研究》，《上海经济研究》2016年第3期。

姚先国、赵丽秋：《中国代际收入流动与传递路径研究：1989—2000》，第六届中国经济学年会入选论文，2006年。

姚嘉：《我国贫困阶层的收入流动性研究：动态变化与影响因素》，浙江大学博士学位论文，2016 年。

尹恒、李实、邓曲恒：《中国城镇个人收入流动性研究》，《经济研究》2006 年第10 期。

叶初升、赵锐武、孙永平：《动态贫困研究的前沿动态》，《经济学动态》2013 年第4 期。

赵冬缓、兰徐民：《我国测贫指标体系及其量化研究》，《中国农村经济》1994 年第3 期。

于敏：《贫困县农户动态贫困实证研究——以内蒙古自治区、甘肃省贫困县为例》，《华南农业大学学报（社会科学版）》2011 年第 2 期。

岳希明、李实、王萍萍、关冰：《透视中国农村贫困》，经济科学出版社 2007 年版。

张立冬：《中国农村居民收入流动性实证研究》，《江苏社会科学》2010 年第 2 期。

张立冬：《中国农村贫困代际传递实证研究》，《中国人口·资源与环境》2013 年第6 期。

张清霞：《贫困动态性研究》，《湖南农业大学学报（社会科学版）》2008 年第 3 期。

张兵：《贫困代际传递理论发展轨迹及其趋向》，《理论学刊》2008 年第 4 期。

邹薇、方迎风：《关于中国贫困的动态多维度研究》，《中国人口科学》2011 年第6 期。

邹薇、马占利：《中国代际收入流动测度及致因》，《云南财经大学学报》2018 年第2 期。

周群力、陆铭：《拜年与择校》，《世界经济文汇》2009 年第 6 期。

周兴、王芳：《城乡居民家庭代际收入流动的比较研究》，《人口学刊》2014 年第2 期。

周波、苏佳：《财政教育支出与代际收入流动性》，《世界经济》2012 年第 12 期。

赵颖：《员工下岗、家庭资源与子女教育》，《经济研究》2016 年第 5 期。

祝建华：《贫困代际传递过程中的教育因素分析》，《教育发展研究》2016 年第 3 期。

Adermon A.& Lindahl M.& Waldenström D., "Intergenerational Wealth Mobility and the Role of Inheritance：Evidence From Multiple Generations", *The Economic Journal*, Vol.128, No.612, 2018.

Akbulut M.& Kugler A., "Intergenerational Transmission of Health Status in the US among Natives and Immigrants.University of Houston, Department of Economics", *Mimeo*, 2007.

Alkire S., *Choosing dimensions：The Capability Approach and Multidimensional Poverty//The Many Dimensions of Poverty*, London：Palgrave Macmillan, 2007.

Alkire S.& Santos M.E., "Measuring Acute Poverty in the Developing World：Robustness and Scope of the Multidimensional Poverty Index", *World Development*, Vol.59, 2014.

Anger S.& Heineck G., "Do Smart Parents Raise Smart Children? The Intergenerational

Transmission of Cognitive Abilities", *Journal of Population Economics*, Vol.23, No.3, 2010.

Angrist J.D.& Keueger A.B., "Does Compulsory School Attendance Affect Schooling and Earnings?", *The Quarterly Journal of Economics*, Vol.106, No.4, 1991.

Baker M. & Solon G., "Earnings Dynamics and Inequality Among Canadian Men, 1976-1992: Evidence From longitudinal Income Tax Records", *Journal of Labor Economics*, Vol.21, No.2, 2003.

Beck S.H., "The Role of Other Family Members in Intergenerational Occupational Mobility", *Sociological Quarterly*, Vol.24, No.2, 1983.

Becker G.S.& Tomes N., "An Equilibrium Theory of the Distribution of Income and Intergenerational Mobility", *Journal of Political Economy*, Vol.87, No.6, 1979.

Becker G.S.& Tomes N., "Human Capital and the Rise and Fall of Families', *Journal of Labor Economics*, Vol.4, No.3, 1986.

Becker G.S.& Kominers S.D.& Murphy K.M. (et al.), "A Theory of Intergenerational Mobility", *Journal of Political Economy*, Vol.126, 2018.

Behrman J.& Taubman P., "Intergenerational Earnings Mobility in the United States: Some Estimates and a Test of Becker's Intergenerational Endowments Model", *The Review of Economics and Statistics*, Vol.67, No.1, 1985.

Bennedsen M.& Nielsen K.M.& Pérez-González F. (et al.), "Inside the Family Firm: The Role of Families in Succession Decisions and Performance", *The Quarterly Journal of Economics*, Vol.122, No.2, 2007.

Bird K., "The Intergenerational Transmission of Poverty: An Overview//Chronic Poverty", *London: Palgrave Macmillan*, 2013.

Björklund A.& Jäntti M., "Intergenerational Income Mobility in Sweden Compared to the United States", *The American Economic Review*, Vol.87, No.5, 1997.

Björklund A.& Jäntti M., "Intergenerational Income Mobility and the Role of Family Background", *Oxford Handbook of Economic Inequality*, 2009.

Black S.E.& Devereux P.J.& Salvanes K.G., "From the Cradle to the Labor Market? The Effect of Birth Weight on Adult Outcomes", *The Quarterly Journal of Economics*, Vol.122, No.1, 2007.

Black S.E.& Devereux P.J., "Recent Developments in Intergenerational Mobility", *Handbook of Labor Economics*, Vol.4B, Amsterdam: Elsevier, 2011.

Black P.& Wiliam D., "Developing the Theory of Formative Assessmen", *Educational Assessment, Evaluation and Accountability (Formerly: Journal of Personnel Evaluation in Education)*, Vol.21, No.1, 2009.

Blanden J.& Gregg P., "Family Income and Educational Attainment: a Review of Approaches and Evidence for Britain", *Oxford Review of Economic Policy*, Vol.20, No.2, 2004.

Blanden J., "Essays on Intergenerational Mobility and its Variation over Time, Place and Family Structure", *University of London*, 2005.

Blanden J.& Gregg P.& Macmillan L., "Accounting for Intergenerational Income Persistence: Noncognitive Skills, Ability and Education", *The Economic Journal*, Vol. 117, No. 519, 2007.

Bol T. & Kalmijn M., "Grandparents'Resources and Grandchildren's Schooling: Does Grandparental Involvement Moderate the Grandparent Effect?", *Social Science Research*, Vol. 55, 2016.

Boltvinik J., "Poverty Measurement Methods: An Overview", *UNDP Social Development & Poverty Elimination Divisionk*, 1999.

Borjas G.J., "The Intergenerational Mobility of Immigrants", Journal of Labor Economics, Vol.11, No.1, 1993.

Bowles S.& Gintis H., "Social Capital and Community Governance", The Economic Journal, Vol.112, No.483, 2002.

Böhlmark A.& Lindquist M.J., " Life-cycle Variations in the Association Between Current and Lifetime Income: Replication and Extension for Sweden", *Journal of Labor Economics*, Vol.24, No.4, 2006.

Braun S.T.& Stuhler J., "The Transmission of Inequality Across Multiple Generations: Testing Recent Theories with Evidence From Germany", *The Economic Journal*, Vol. 128, No. 609, 2017.

Bratberg E.& Anti Nilsen Ø.& Vaage K., "Intergenerational Earnings Mobility in Norway: Levels and Trends", *Scandinavian Journal of Economics*, Vol.107, No.3, 2005.

Bratsberg B. & Røed K. & Raaum O. (et al.): " Nonlinearities in Intergenerational Earnings Mobility: Consequences for Cross-country Comparisons", *The Economic Journal*, Vol. 117, No.519, 2007.

Carmichael F., "Intergenerational Mobility and Occupational Status in Britain", *Applied Economics Letters*, Vol.7, No.6, 2000.

Celhay P. & Gallegos S., "Persistence in the Transmission of Education: Evidence Across Three Generations for Chile", *Journal of Human Development and Capabilities*, Vol. 16, No. 3, 2015.

Chadwick L.& Solon G., "Intergenerational Income Mobility Among Daughters", *American Economic Review*, Vol.92, No.1, 2002.

Chan T.W. & Boliver V., "The Grandparents Effect in Social Mobility: Evidence From British Birth Cohort Studies", *American Sociological Review*, Vol.78, No.4, 2013.

Charles K.K.& Hurst E., "The Correlation of Wealth Across Generations", *Journal of Political Economy*, Vol.111, No.6, 2003.

Corak M.& Heisz A., "The Intergenerational Earnings and Income Mobility of Canadian men: Evidence From Longitudinal Income Tax Data", *Journal of Human Resources*, Vol. 34, No. 3, 1999.

Corak M.& Piraino P., "Intergenerational Earnings Mobility and the Inheritance of Employers", *IZA Discussion Paper*, No.4876, 2010.

Couch K.A.& Dunn T.A., "Intergenerational Correlations in labor Market Status: A Comparison of the United States and Germany", *Journal of Human Resources*, Vol. 32, No. 1, 1997.

Coneus K.& Spiess C.K., "The Lntergenerational Transmission of Health in Early Childhood", *German Socio-Economic Panel Study (SOEP Papers Number 126)*, 2008.

Currie J.& Moretti E., "Mother's education and the Intergenerational Transmission of Human Capital: Evidence from College Openings", *The Quarterly Journal of Economics*, Vol. 118, No.4,2003.

Currie J.& Moretti E., "Biology as Destiny? Short-and Long-run Determinants of Intergenerational Transmission of Birth Weight", *Journal of Labor Economics*, Vol.25, No.2, 2007.

Dolton P.& Xiao M., "The Intergenerational Transmission of BMI in China", *Economics & Human Biology*, Vol.19, 2015.

Duclos J.Y.& Grégoire P., "Absolute and Relative Deprivation and the Measurement of Poverty", Review of Income and Wealth, Vol.48, No.4, 2002.

Eide E.R.& Showalter M.H., "A Note on the Rate of Intergenerational Convergence of Earnings", *Journal of Population Economics*, Vol.13, No.1, 2000.

Eriksson T.& Bratsberg B.& Raaum O., "Earnings Persistence Across Generations: Transmission Through Health?", *Unpublished Paper Presented at the EALE/SOLE Meeting*, 2005.

Ermisch J.& Francesconi M., "Intergenerational Mobility in Britain: New Evidence From the BHPS", *Generational Income Mobility in North America and Europe (Cambridge University Press: Cambridge)*, 2002.

Erola J.& Moisio P., "Social Mobility Over Three Generations in Finland, 1950–2000", *European Sociological Review*, Vol.23, No.2, 2006.

Firpo S. & Fortin N.M. & Lemieux T., "Unconditional Quantile Regressions", *Econometrica*, Vol.77, No.3, 2009.

Fuchs V., "Redefining Poverty and Redistributing Income", *The Public Interest*, Vol. 8, 1967.

Goyder J.C.& Curtis J.E., "Occupational Mobility in Canada Over Four Generations", *Canadian Review of Sociology/Revue Canadienne de Sociologie*, Vol.14, No.3, 1977.

Grossman M., "Education and Nonmarket Outcomes", *Handbook of the Economics of Education*, Vol.1, 2006.

Grönqvist E.& Öckert B.& Vlachos J., "The Intergenerational Transmission of Cognitive and Non-cognitive Abilitiesa", *Working Paper*, 2010.

Guryan J.& Hurst E.& Kearney M., "Parental Education and Parental Time With Children", *Journal of Economic Perspectives*, Vol.22, No.3, 2008.

Haider S. & Solon G., "Life-cycle Variation in the Association Between Current and Lifetime Earnings", *American Economic Review*, Vol.96, No.4, 2006.

Halsey A.H.& Heath A.F.& Ridge J.M., *Origins and Destinations: Family, Class, and Education in Modern Britain*, Oxford: Clarendon Press, 1980.

Halleröd B.& Larsson D.& Gordon D. (et al.), "Relative Deprivation: A Comparative Analysis of Britain, Finland and Sweden", *Journal of European Social Policy*, Vol.16, No.4, 2006.

Hammarstedt M. & Palme M., "Human Capital Transmission and the Earnings of Second-generation Immigrants in Sweden", *IZA Journal of Migration*, Vol.1, No.1, 2012.

Hemmi N.& Tabata K.& Futagami K., "The Long-term Care Problem, Precautionary Saving, and Economic Growth", *Journal of Macroeconomics*, Vol.29, No.1, 2007.

Hellerstein J.K.& Morrill M.S., "Dads and Daughters the Changing Impact of Fathers on Women's Occupational Choices", *Journal of Human Resources*, Vol.46, No.2, 2011.

Hirvonen L.H., "Intergenerational Earnings Mobility Among Daughters and Sons: Evidence From Sweden and a Comparison with the United States", *American Journal of Economics and Sociology*, Vol.67, No.5, 2008.

Hodge R.W., "Occupational Mobility as a Probability Process", *Demography*, Vol.3, No.1, 1966.

Inoue A.& Solon G., "Two-sample Instrumental Variables Estimators", *The Review of Economics and Statistics*, Vol.92, No.3, 2010.

Joskow J., "Structural Indicia: Rank-shift Analysis as a Supplement to Concentration Ratios", *The Review of Economics and Statistics*, Vol.42, No.1, 1960.

Jäntti M.& Bratsberg B.& Roed K. (eds.), "American Exceptionalism in a New Light: A Comparison of Intergenerational Earnings Mobility in the Nordic Countries, the United Kingdom and the United States", *IZA Discussion Paper 1938*, 2006.

Koenker R.& Bassett Jr.G., "Regression Quantiles", *Econometrica: Journal of the Econometric Society*, Vol.46, No.1, 1978.

Lambert P.& Prandy K.& Bottero W., "By Slow Degrees: Two Centuries of Social Reproduction and Mobility in Britain", *Sociological Research Online*, Vol.12, No.1, 2007.

Lee C.I.& Solon G., "Trends in Intergenerational Income mobility", *The Review of Economics and Statistics*, Vol.91, No.4, 2009.

Lefgren L.& Sims D.& Lindquist M.J., "Rich Dad, Smart dad: Decomposing the Intergenerational Transmission of Income", *Journal of Political Economy*, Vol.120, No.2 2012.

Loury G.C., "Intergenerational Transfers and the Distribution of Earnings", *Econometrica: Journal of the Econometric Society*, Vol.49, No.4, 1981.

Lucas R.E.B.& Kerr S.P., "Intergenerational Income Immobility in Finland: Contrasting Roles for Parental Earnings and Family Income", *Journal of Population Economics*, Vol.26, No.3, 2013.

Lindahl M.& Palme M.& Massih S.S. (eds.), "Long-term Intergenerational Persistence of Human Capital an Empirical Analysis of Four Generations", *Journal of Human Resources*, Vol.50, No.1, 2015.

Machin S.& Vignoles A., "Educational Inequality: The Widening Socio-Economic Gap", *Fiscal Studies*, Vol.25, No.2, 2004.

Mack J.& Lansley S., *Poor britain*, London: Allen & Unwin, 1985.

Mare R. D., "A multigenerational View of inequality", *Demography*, Vol. 48, No. 1, 2011.

Mayer S.E.& Jencks C., "Poverty and the Distribution of Material hardship", *Journal of Human Resources*, Vol. 24, No. 1, 1989.

Mayer S. E. & Lopoo L. M., "Government Spending and Intergenerational Mobility", *Journal of Public Economics*, Vol.92, No.1-2, 2008.

Mazumder B., "Fortunate Sons: New Estimates of Intergenerational Mobility in the United States Using Social Security Earnings Data", *Review of Economics and Statistics*, Vol.87, No.2, 2005.

Mincer J., "Schooling, Experience, and Earnings", Columbia: Columbia University Press, 1974.

Mitra S.& Posarac A.& Vick B., "Disability and Poverty in Developing Countries: A Multidimensional Study", *World Development*, Vol.41, 2013.

Mocetti S., "Intergenerational Earnings Mobility in Ltaly", *The BE Journal of Economic Analysis & Policy*, Vol.7, No.2, 2007.

Morris D. W. & Diffendorfer J. E., "Reciprocating Dispersal by Habitat-selecting White-footed Mice", *Oikos*, Vol.107, No.3, 2004.

Mulligan C.B., "Galton Versus the Human Capital Approach to Inheritance', *Journal of Political Economy*, Vol.107, S6, 1999.

Møllegaard S. & Jæger M. M., "The Effect of Grandparents' Economic, Cultural, and Social Capital on Grandchildren's Educational Success", *Research in Social Stratification and Mobility*, Vol.42, 2015.

Nicoletti C.& Ermisch J.F., "Intergenerational Earnings Mobility: Changes Across Cohorts in Britain", *The BE Journal of Economic Analysis & Policy*, Vol.7, No.2, 2007.

Peters H.E., "Patterns of Intergenerational Mobility in Income and Earnings", *The Review of Economics and Statistics*, Vol. 74, No. 3, 1992.

Prais S. J., "The Tormal Theory of Social mobility", *Population Studies*, Vol. 9, No. 1, 1955.

Pérez – González F., "Inherited Control and Firm Performance", *American Economic Review*, Vol.96, No.5, 2006.

Raaum O.& Bratsberg B.& Røed K. (et al.), "Marital Sorting, Household Labor Supply, and Intergenerational earnings Mobility Across Countries", *The BE Journal of Economic Analysis & Policy*, Vol.7, No.2, 2007.

Ridge J.M., "Mobility in Britain Reconsidered", *Clarendon Press*, 1974.

Schultz T.P.& Tansel A., "Wage and Labor Supply Effects of Illness in Cote d'Ivoire and Ghana: Lnstrumental Variable Estimates for Days Disabled", *Journal of Development Economics*, Vol.53, No.2, 1997.

Schultz T.P., "Wage Gains Associated with Height as a Form of Health Human Capital", *American Economic Review*, Vol.92, No.2, 2002.

Solon G., "Intergenerational Income Mobility in the United States", *The American Economic Review*, Vol. 82, No. 3, 1992.

Solon G., "Intergenerational Mobility in the Labor Market", *Handbook of Labor Economics*, *Elsevier*, Vol.3, 1999.

Solon G., "What do we Know so far About Multigenerational Mobility?", *The Economic Journal*, Vol.128, No.612, 2018.

Shea J., "Does parents' Money Matter?", *Journal of Public Economics*, Vol. 77, No. 2, 2000.

Székely G. J. & Rizzo M. L., "A new Test for Multivariate Normality", *Journal of Multivariate Analysis*, Vol.93, No.1, 2005.

Townsend P., "Poverty in the United Kingdom: a Survey of Household Resources and Standards of Living", *Califcrnia: University of California Press*, 1979.

Van Zon A. & Muysken J., "Health and Endogenous Growth", *Journal of Health Economics*, Vol.20, No.2, 2001.

Warren J. R. & Hauser R. M., "Social Stratification Across Three Generations: New Evidence From the Wisconsin Longitudinal Study", *American Sociological Review*, Vol. 62, No. 6, 1997.

Zeng Z.& Xie Y., "The Effects of Grandparents on Children's Schooling: Evidence From Rural China", *Demography*, Vol.51, No.2, 2014.

Zimmerman D.J., "Regression Toward Mediocrity in Economic stature", *The American Economic Review*, Vol. 82, No. 3, 1992.

后　记

本书是在本人博士学位论文基础上修改而成。博士论文的撰写是一个浩大而又复杂的工程，当我敲打"致谢"二字时，意味着我的博士学习生涯即将结束，一个"大龄"青年的学生时代完美谢幕。回首在中南财大校园里的学习与生活，百味杂陈。迷茫、焦虑、失眠……这些求学过程中必然会经历的种种磨砺，却让此时的我，回味无穷。很庆幸能来中南财大攻读博士学位，得到师长、同学和家人的许多关心和帮助，感恩于他们每一个人。

首先要感谢我的导师陈全明教授。依稀记得 2016 年 5 月复试后，与老师第一次谈心的情景，当时怀着惴惴不安的心情，聆听着老师的教诲："博士学习生涯是人生重要阶段，要树立更高标准的学业目标，这样才能成就一番事业，而踏踏实实地打好基础，能吃苦、有毅力，严谨务实地做研究是实现学术目标的必要条件……"正是您当时对我学业的勉励，为我指明了前进的方向，才有了今天，我三年顺利毕业的"硕果"。这三年，在学业上您细心、耐心地指导我，尤其是在我博士论文撰写过程中，最让我感动的是，寒冬里您在没有空调的办公室里，不厌其烦地帮我一遍遍审查论文，不放过每一个错别字和标点符号，甚至在春节期间与我一起在办公室讨论如何完善论文。这三年，您也是一位优秀的人生导师，一次次地谈心，鼓励我、开导我，让我更加明白了教师这个职业的神圣。正是您的无私奉献与言传身教，让我领略到了一位治学严谨、责任感强、知识渊博的学者风范。谢谢您为学生做的榜样，这也是我一生所努力的方向。

其次要感谢蒋文莉教授、陈芳教授和张广科教授。三位老师不仅学术造诣高，人力资源管理实战经验足，而且三位老师都是"点穴"高手，无论是在论文开题还是在答辩中，都能为每位博士生指出论文的"死穴"。老师们犀利的语言、多对一的指导，都已成为我们劳经博士生成长的"助推器"。在此，感谢三位老师在我论文撰写中，倾注的心血与精力，遇到你们是学生的荣幸。也要感谢乐章教授、田艳平教授、赵君副教授、学院研办魏晨雪老师以及公管学院老师们，谢谢你们在我求学过程中给予的帮助与指导。

同时，要感谢长江大学王华强副教授和我校工商管理学院刘文兴副教授。我与两位老师亦师亦友，在我人生迷茫时、学业困惑时、生活艰难时，总能及时地、无私地给予我许多帮助，人生能有你们这样的老师、朋友是一大幸事。也要感谢405宿舍的兄弟们、硕士阶段的几位好伙伴，给我枯燥、压抑的博士学习阶段增添了许多温暖与乐趣。

感谢同门、同届的同学们，感谢师兄师姐们，我们一起求学，一起成长，谢谢你们在学业上、生活中给予我的鼓励与帮助。感谢湖经程志辉博士、华科周空博士以及南湖学术沙龙的学友们，正是有你们的帮助，我才能在学术上有所成长。

感谢美国北卡罗来纳大学教堂山校区的罗来纳州人口中心、美国国家营养与食物安全研究所和中国疾病预防控制中心的 CHNS 项目团队，感谢北京师范大学中国收入分配研究院 CHIP 项目团队，他们提供的丰富的数据、翔实的内容，奠定了我论文研究的数据基础。

此外，我要特别感谢博士学位论文匿名评审专家以及论文答辩委员会的老师们，感谢你们在百忙之中审阅我的博士论文；感谢三峡大学法学与公共管理学院的领导与同事在出版过程中的殷切关怀、关心；感谢出版社编辑老师们的专业精神与悉心付出。

最后，我要感谢我的家人，爷爷奶奶80多岁，一直关心着我的学业与生活，他们就像灯塔一样照亮着我的前方。也感谢我与太太双方的父母，顶着巨大的舆论压力，一直默默地支持着两个"大龄"青年，有你们真幸福！感谢我太太，一起辞职，一起读博，一起讨论学术问题，共同进步，共同成长。与你携手漫步于校园，与你静静眺望狮子山的美景，与你细细品味挫折的味道，一切都是最好的安排，我们是彼此的坚强与动力。

感恩于太太的陪伴，感恩于求学中努力的自己，感恩于身边的每个人！

丁 志 慧

2020 年 5 月 16 日于三峡大学荷花池畔

责任编辑：詹　夺
责任校对：史伟伟

图书在版编目（CIP）数据

中国农村居民贫困多代际传递研究/丁志慧 著. —北京：人民出版社,2020.12
ISBN 978 - 7 - 01 - 022565 - 4

Ⅰ.①中…　Ⅱ.①丁…　Ⅲ.①农村-贫困问题-研究-中国　Ⅳ.①F323.8

中国版本图书馆 CIP 数据核字（2020）第 203860 号

中国农村居民贫困多代际传递研究

ZHONGGUO NONGCUN JUMIN PINKUN DUODAIJI CHUANDI YANJIU

丁志慧　著

人民出版社 出版发行
（100706　北京市东城区隆福寺街 99 号）

北京虎彩文化传播有限公司印刷　新华书店经销

2020 年 12 月第 1 版　2020 年 12 月北京第 1 次印刷
开本：710 毫米×1000 毫米 1/16　印张：12.5
字数：186 千字

ISBN 978 - 7 - 01 - 022565 - 4　定价：79.00 元

邮购地址 100706　北京市东城区隆福寺街 99 号
人民东方图书销售中心　电话 （010）65250042　65289539